Workbook Answer Key

Marsha Robinson

¡Arriba!

Comunicación y cultura

Eduardo Zayas-Bazán
EAST TENNESSEE STATE UNIVERSITY

José B. Fernández
UNIVERSITY OF CENTRAL FLORIDA

PRENTICE HALL, ENGLEWOOD CLIFFS, NEW JERSEY 07632

 © 1993 by Prentice-Hall, Inc.
A Paramount Communications Company
Englewood Cliffs, New Jersey 07632

All rights reserved. No part of this book may be
reproduced, in any form or by any means,
without permission in writing from the publisher.

Printed in the United States of America

10   9   8

ISBN 0-13-044801-X

Prentice-Hall International (UK) Limited, *London*
Prentice-Hall of Australia Pty. Limited, *Sydney*
Prentice-Hall Canada Inc. *Toronto*
Prentice-Hall Hispanoamericana, S.A., *Mexico*
Prentice-Hall of India Private Limited, *New Delhi*
Prentice-Hall of Japan, Inc., *Tokyo*
Simon & Schuster Asia Pte. Ltd., *Singapore*
Editora Prentice-Hall do Brasil, Ltda., *Rio de Janeiro*

LECCIÓN 1
¿Qué tal?

1-1
1. falso
2. cierto
3. falso
4. falso
5. falso
6. falso
7. falso
8. falso

1-2 *(Answers may vary.)*
1. Buenos días. (Hola.) / Adiós.
2. Buenas tardes. (Hola.) / Hasta luego. (Hasta mañana.)
3. Buenas noches. / Hasta pronto. (Hasta mañana.)

1-3
1. ¿Cómo estás? / ¿Cómo está Ud.?
2. ¿Y tú? / ¿Y Ud.?
3. ¿Cómo te va? / ¿Cómo le va?
4. ¿Cómo te llamas? / ¿Cómo se llama Ud.?

1-4 *(Answers may vary.)*
1. Muy bien, ¿y tú?
2. Buenos días.
3. Adiós.
4. Bien, gracias.
5. Me llamo....
6. El gusto es mío.
7. Así así. / Bien.

1-5 *(Answers may vary.)*
1. ¿Cómo estás? / gracias / Ud. / Lo siento
2. Buenas tardes / Me llamo / gusto / El gusto es
3. Buenos días / ¿Cómo está Ud.? / (Muy) bien / Hasta luego (Adiós)

1-6 *(Answers may vary.)*
1. Abra(n) el libro. Cierre(n) el libro.
2. Vaya(n) a la pizarra.
3. Lea(n) la lección. Estudie(n) la lección.
4. Repita(n) la frase.
5. Escriba(n) los ejercicios.

1-7
1. catorce / dieciséis
2. once / trece
3. veinte / veintidós
4. tres / cinco
5. dieciocho / veinte
6. veintiocho / treinta
7. veinticuatro / veintiséis
8. quince / diecisiete
9. cuatro / seis
10. ocho / diez

1-8
1. Hay unos lápices.
2. Hay unos bolígrafos.
3. Hay un cuaderno.
4. Hay unas tizas.
5. Hay unos borradores.

1-9
1. No, hay cuatro lápices. Los lápices son azules.
2. No, hay nueve bolígrafos. Los bolígrafos son negros.
3. Sí, hay un cuaderno. El cuaderno es amarillo.
4. No, hay siete tizas. Las tizas son blancas.
5. No, hay cinco borradores. Los borradores son rosados.

1-10
1. Las profesoras mexicanas son interesantes.
2. Las mochilas francesas son caras.
3. Los relojes grandes son redondos.
4. Las mesas blancas son cuadradas.
5. Los cuadernos azules son baratos.
6. Los estudiantes inteligentes son trabajadores.
7. Las clases grandes son interesantes.
8. Los profesores franceses son inteligentes.

1-11
1. Son unas señoras argentinas.
2. Son unas profesoras norteamericanas.
3. Es una estudiante francesa.
4. Es un señor trabajador.
5. Es un estudiante inglés.
6. Son unas estudiantes portuguesas.
7. Es un señor español.
8. Son unos señores japoneses.

1-12
1. —Buenos días, profesor Sánchez.
   —Buenos días, Antonia. ¿Cómo estás?
   —Muy bien, gracias. ¿Y Ud.?
   —No muy bien.

—¿Verdad? Lo siento mucho.
2. —¡Hola, Graciela!
—¡Hola, Enrique! ¿Qué tal?
—Bien, ¿y tú?
—Muy bien, gracias. ¿Qué hay?
—Necesito un bolígrafo.
—¿De qué color?
—Rojo. ¿Cuánto cuesta?
—Dos dólares.

1-13
1. unos / mexicanos
2. las / inglesas
3. las / trabajadoras
4. unos / franceses
5. una / interesante
6. la / grande
7. la / popular

1-14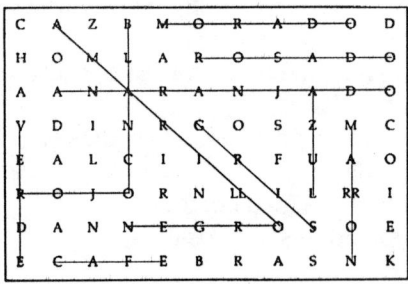

1-15
1. la lección interesante
2. un ejercicio difícil
3. la luz blanca
4. un cuaderno anaranjado
5. la silla azul
6. el reloj redondo
7. el pupitre caro
8. una mesa cuadrada

1-16 *(Answers may vary.)*
1. Abra(n) / Cierre(n)
2. Escriba(n)
3. Haga(n)
4. Vaya(n)
5. Repita(n)
6. Estudie(n)
7. Conteste(n)

1-17 *(Sample answer.)*
En la clase, hay veinte sillas y veinte pupitres. Hay una pizarra verde con tiza blanca. Hay tres ventanas y una puerta. Hay libros negros y papeles blancos. Hay veinte estudiantes. Dieciocho son norteamericanos, una es mexicana y uno es francés. El profesor se llama el profesor Morales. Es interesante e inteligente. Es alto y delgado. Es simpático...

1-18 **Centroamérica**
Guatemala—Ciudad de Guatemala
Nicaragua—Managua
El Salvador—San Salvador
Honduras—Tegucigalpa
Panamá—Ciudad de Panamá
Costa Rica—San José
El Caribe
Cuba—La Habana
La República Dominicana—Santo Domingo
Puerto Rico—San Juan
Suramérica
Perú—Lima
Ecuador—Quito
Venezuela—Caracas
Chile—Santiago
Argentina—Buenos Aires
Uruguay—Montevideo
Paraguay—Asunción
Colombia—Bogotá
Bolivia—La Paz

LECCIÓN 2

¿De dónde eres?

2-1
Daniel Gómez Mansur: español / alto y delgado
María: norteamericana / cubanos
Paco: puertorriqueño
Sara y Lupe: venezolanas / Maracaibo
Carlos: venezolano / Maracaibo

2-2
1. Cómo 2. De dónde 3. Dónde 4. Qué
5. De qué 6. Quiénes 7. Quién 8. Cómo

2-3
2. colombiana
3. cubano
4. argentinas
5. dominicana
6. mexicanos
7. venezolana
8. chilenas

9. español
10. panameñas

2-4
2. Las estudiantes son delgadas.
3. El libro es feo.
4. Es una clase mala.
5. Yo soy muy perezosa.
6. Mis padres son simpáticos.

2-5 *(Answers may vary.)*
1. Me llamo....
2. Estoy bien.
3. Soy de los Estados Unidos.
4. Soy de ....
5. Soy ....

2-6
1. ella
2. nosotros(as)
3. ellos
4. ellas
5. ustedes / vosotros
6. nosotros(as)
7. él
8. ellos
9. ellas
10. ellos

2-7
1. (Nosotros) somos los profesores estadounidenses.
2. Ana y Felipe son los estudiantes perezosos.
3. ¿Eres tú la estudiante argentina?
4. Marisol es una señora dominicana.
5. ¿Sois vosotros los estudiantes franceses?
6. ¿Uds. son los señores mexicanos?

2-8 *(Answers may vary.)*
1. ¿Eres de una ciudad? Sí, soy de una ciudad.
2. ¿Es tu padre de una ciudad? Sí, es de una ciudad.
3. ¿Son tus padres de Nicaragua? No, no son de Nicaragua.
4. ¿Eres de la capital? No, no soy de la capital.
5. ¿Es perezoso el profesor de matemáticas? No, no es perezoso.

2-9 *(Answers may vary.)*
1. Soy ...
2. Soy de Perú.
3. Soy peruano(a).
4. Soy simpático(a).
5. Soy trabajador(a).

2-10
2. Arturo y David son muy delgados, ¿no?
3. La estudiante cubana es inteligente, ¿no es cierto?
4. La señora se llama Verónica, ¿verdad?
5. Toño es bajo y gordo, ¿no?

2-11 **Andrea Alvarado Gómez**
1. Tiene veintiocho años.
2. Es de Santiago de Chile.
3. Es chilena.
4. Habla español y alemán.
5. Estudia medicina en la Universidad de Chile.
6. El examen es mañana.

Carlos Alberto Mora Arce
1. Tiene veintidós años.
2. Es de Costa Rica.
3. Es costarricense.
4. Habla español y un poco de inglés.
5. Estudia derecho en la Universidad Nacional.
6. Trabaja por las tardes.
7. Trabaja en una librería.
8. Practica el fútbol.

María Bermúdez Fiallo
1. Tiene diecinueve años.
2. Es de Santo Domingo.
3. Es dominicana.
4. Estudia ingeniería.
5. Baila esta noche.
6. Baila en una discoteca.

2-12 1. g 2. b 3. e 4. i 5. a 6. h 7. f 8. d 9. c
Sentences:
1. Escucho música clásica.
2. Bailo en una discoteca esta noche.
3. Hablo español, italiano, portugués y un poco de inglés.
4. Nado en el Océano Atlántico.
5. Converso con un amigo en el café.
6. Miro el mapa de América del Sur.
7. Trabajo en una librería.

8. Estudio historia por las tardes.
9. Practico mucho el béisbol.

2-13 *(Answers may vary.)*
1. Tengo que estudiar para el examen mañana.
2. Tengo que trabajar en la librería por las tardes.
3. Tengo que practicar alemán esta noche.
4. Vamos a practicar el tenis mañana.
5. Vamos a mirar la televisión esta noche.
6. Vamos a estudiar ingeniería por las tardes.

2-14
1. caminamos
2. preparan
3. trabajas
4. nadan
5. practicamos
6. miran
7. bailan
8. conversan
9. estudian
10. escucho

2-15 practican, practica, estudiar, nada, nadan, nado, camino, baila

2-16 *(Answers will vary.)*
1. Sí, trabajo. Trabajo en la librería.
2. Mi padre habla inglés y español.
3. Sí, bailo. Bailo bien.
4. Sí, practicamos mucho.
5. Sí, caminamos.
6. Sí, estudio mucho. Estudio español, inglés e historia.
7. Escucho música clásica.
8. Preparo las lecciones por las noches.

2-17
2. ...tenemos frío.
3. ...tienen miedo.
4. ...tienes hambre.
5. ...tengo miedo.
6. ...tenemos razón.
7. ...tiene veintiocho años.
8. ...tiene cuidado.
9. ...tiene sueño.
10. ...tengo prisa.

2-18 *(Answers will vary but should follow the model construction.)*
1. Tengo que...
2. Tengo que...
3. Tengo que...
4. Tengo que...
5. Tengo que...
6. Tienen que...
7. Tiene que...
8. Tiene que...
9. Tienen que...
10. Tenemos que...

2-19 *(Answers may vary.)*
1. Marisol es una estudiante (muy buena).
2. Estudia en la Universidad de Navarra. Estudia derecho.
3. Nada y practica el fútbol.
4. Hay nueve estudiantes en la clase.
5. Hay tres españoles, dos chilenos, un italiano y dos portugueses. Marisol es dominicana.
6. Es simpática e interesante.
7. Marisol tiene veinte años.
8. Marisol tiene que estudiar hoy.

2-20 *(Sample answer.)*
Nombre: Sara
Apellido: Morales
Nacionalidad: ecuatoriana
Ciudad de origen: Guayaquil
País de origen: Ecuador
Edad: 19 años
Descripción física: alta, delgada

2-21 *(Answers will vary but should follow Activity 2-19 as a model.)*

2-22 *(Possible questions. Paragraphs will vary.)*
¿Cómo te llamas?
¿De dónde eres?
¿Cúantos años tienes?
¿Qué estudias en la universidad?
¿Cómo eres?
¿En qué actividades participas?
¿Cuándo tienes miedo?
¿Qué tienes que hacer hoy?
¿Qué idiomas hablas?
¿Cúal es tu nacionalidad?
¿Trabajas? ¿Dónde?

LECCIÓN 3
¿Qué estudias?

3-1
1. complicado / cinco / álgebra, química, historia, inglés y computación
2. materias / mucho
3. es una clase difícil
4. la clase de biología es en cinco minutos
5. los martes por la mañana
6. al departamento de idiomas / clase de francés / las diez y cuarto
7. es una necesidad

3-2
1. álgebra, química, historia, inglés, computación
2. biología
3. francés (idiomas)

3-3 *(Answers may vary.)*
1. ¿Verdad?
2. Estás loco(a).
3. Sí, es una necesidad.
4. Pues, sí.
5. Yo también. ¡Qué pequeño es el mundo!
6. Sí, es un lujo.

3-4 *(Answers will vary.)*

3-5
1. Estudio química y biología por la mañana.
2. La clase de química es bastante exigente.
3. La clase de biología es a las ocho pero es fácil.
4. Muchos días llego tarde a la clase.
5. Por la tarde voy al centro estudiantil.
6. Converso con mis amigos en la cafetería.
7. Por la noche voy a la biblioteca donde estudio mucho.
8. También voy a la librería donde trabajo.

3-6 *(Answers will vary. The following are sample answers.)*
1. Tomo inglés, biología y español.
2. El español es bastante interesante. El inglés es bastante aburrido.
3. Sí, mis profesores son exigentes.
4. Necesito un diccionario. Necesito una calculadora.
5. Llego tarde a la clase de biología.
6. Los lunes estudio inglés. Los jueves, estudio español e inglés.

3-7

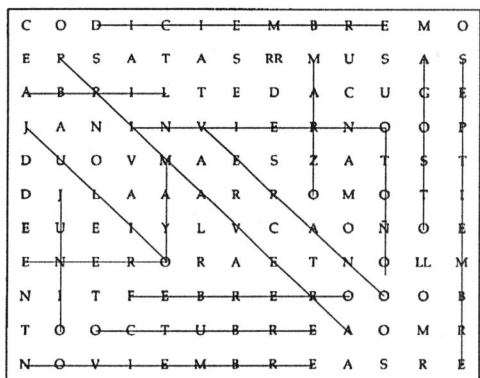

3-8
1. setecientos sesenta y ocho
2. quinientos setenta y tres
3. mil seiscientos noventa y cuatro
4. novecientos ochenta y siete
5. ochocientos cincuenta y nueve
6. noventa y dos
7. doscientos noventa y cinco
8. ciento cincuenta y nueve
9. trescientos ochenta y cuatro
10. quinientos veintiocho

3-9
1. Nosotros tenemos la clase de álgebra los lunes a la una y cuarto de la tarde.
2. Tú tienes la clase de computación los jueves a las siete y veinticinco de la noche (tarde).
3. Yo tengo la clase de ingeniería los miércoles a las cuatro menos cuarto de la tarde.
4. Paco tiene la clase de música los martes a las nueve menos cinco de la mañana.
5. Sofía tiene la clase de química los jueves a las doce y media de la tarde.

6. Mis amigos tienen la clase de economía los lunes a las once y cuarto de la mañana.
7. Yo tengo la clase de literatura los miércoles a las cuatro y cuarto de la tarde.
8. Andrés tiene la clase de biología los viernes a las siete menos diez de la noche (tarde).

3-10
1. A la una. ¿Qué hora es?
   Es la una menos diez. ¡Adiós!
2. A las diez y cuarto. ¿Qué hora es?
   Son las diez y cinco. ¡Adiós!
3. A las siete y media. ¿Qué hora es?
   Son las siete y veinticinco. ¡Adiós!
4. A las once y cuarto. ¿Qué hora es?
   Son las once y diez. ¡Adiós!
5. A las cinco menos cuarto. ¿Qué hora es?
   Son las cinco menos veinticinco. ¡Adiós!

3-11 (Questions and answers will vary, but should follow the structure of the model.)

3-12 (Answers will vary, but should follow the structure of the model.)

3-13
1. El bolígrafo verde es del profesor. / Es su bolígrafo.
2. El libro grande es de Ana y Sofía. / Es su libro.
3. La mochila es de Mateo. / Es su mochila.
4. Los lápices morados son de José y Andrés. / Son sus lápices.
5. La cuaderno es del chico. / Es su cuaderno.
6. Los diccionarios son de él. / Son sus diccionarios.
7. La calculadora es de Ud. / Es mi calculadora.
8. El horario de clases es de Uds. / Es su horario.
9. Los microscopios son de las estudiantes de biología. / Son sus microscopios.
10. Los papeles son de la profesora. / Son sus papeles.

3-14
1. No, no es mi diccionario. Es el diccionario del estudiante de francés.
2. No, no son nuestros bolígrafos. Son los bolígrafos de tu amigo.
3. No, no son mis libros. Son los libros de Micaela.
4. No, no es nuestra clase. Es la clase de los estudiantes portugueses.
5. No, no es mi calculadora. Es la calculadora de Paco.
6. No, no son mis lápices. Son los lápices de mis padres.
7. No, no es nuestra profesora. Es la profesora de Cristina.
8. No, no es nuestra borradora. Es la borradora del chico alemán.

3-15
1. va 2. vamos 3. voy 4. van 5. va
6. van 7. Vas

3-16
1. No, Alejandro va a practicar béisbol mañana.
2. No, vas a necesitar tu calculadora mañana.
3. No, vamos a ir al concierto mañana.
4. No, Elena va a conversar con sus amigos mañana.
5. No, sus (vuestros) padres van a llegar tarde mañana.
7. No, nosotros vamos a ir al supermercado mañana.

3-17 (Answers will vary.)
1. Falso—Son las once y media de la mañana.
2. Falso—Ana Rosa y Carmen hablan en el café.
3. Falso—Las dos chicas tienen hambre y comen un sándwich.
4. Cierto
5. Falso—Ana Rosa va a la librería por la tarde.
6. Falso—Ana Rosa va a la librería para comprar un diccionario.
7. Falso—Ella va a comprar un diccionario porque tiene que escribir una composición para mañana.
8. Cierto

9. Falso—Carmen necesita ir a la librería mañana.
10. Cierto
11. Falso—Carmen no va a la librería con Ana Rosa.
12. Falso—El novio de Carmen está enfermo.
13. Cierto

3-18 *(Answers may vary.)*
1. Está en la Facultad de Derecho que está detrás de la biblioteca.
2. Está en la Facultad de Ingeniería que está al lado (a la derecha) de la librería.
3. Está en la Facultad de Lenguas que está a la izquierda (al lado) del centro estudiantil.
4. Está en la Facultad de Ciencias que está entre la residencia estudiantil y la cafetería.

3-19 *(Answers may vary.)*
1. Es necesario beber mucho jugo.
2. Hay que leer muy bien la novela.
3. Es necesario preparar un almuerzo magnífico.
4. Hay que ir a la rectoría.
5. Es necesario asistir a una clase de francés.
6. Hay que comprar un diccionario español.
7. Es necesario doblar a la izquierda en la Calle Central.
8. Hay que comer ahora.

3-20.
1. asiste / escribo
2. leen / prepara
3. como / bebes
4. tomas / trabajo
5. dobla / vamos

3-21 *(Answers may vary.)*
1. estoy apurado(a)
2. están ocupados
3. está contenta
4. estamos cansados
5. estamos aburridos
6. está triste
7. están enfadados
8. está enferma
9. estás muerto de cansancio

3-22 estás, Estoy, Estoy, hay, está, está, Está, está, Hay, Estás, Está, está, Está, está, Hay, Hay, estás

3-23 es, abre, vende, recibe, leer, aprende, estudia, trabaja, tiene, trabajar, escribir, debe, leer, Está

3-24 *(Answers to questions will vary.)*
1. aprendes
   Aprendo español, inglés y álgebra.
2. abre
   Abre a las nueve y media.
3. bebes
   Bebo jugo.
4. debes
   Debo estudiar para un examen.
5. lees
   Leo una novela interesante.
6. Crees
   Sí, creo en el horóscopo.
7. haces
   Voy a un concierto con un amigo.
8. asistes
   Asisto a las clases de historia y álgebra.

3-25
1. Tomás está muerto de cansancio.
2. Trabaja los sábados y los domingos.
3. Tiene que escribir una composición para la clase de literatura.
4. Tiene examen en la clase de química.
5. Hay una fiesta en su apartamento para el cumpleaños de su novia.
6. Alejandro va a preparar la comida y comprar refrescos. También va a trabajar por Tomás el sábado.

3-26 *(Answers may vary.)*
1. SOFÍA: Con permiso. ¿Dónde está la Facultad de Medicina?
   ANA MARÍA: Es necesario doblar a la derecha y caminar entre la rectoría y el laboratorio de lenguas. La Facultad de Medicina está enfrente de la biblioteca.

SOFÍA: Muchas gracias.
ANA MARÍA: De nada.
2. ANDRÉS: ¿Qué estudias, Antonia?
ANTONIA: Estudio química por la tarde y portugués y biología por la mañana este semestre. ¿Y tú?
ANDRÉS: Estudio matemáticas, música y economía. ¿A qué hora es tu clase de química?
ANTONIA: A las dos y media. ¿Qué hora es?
ANDRÉS: Son las dos y veinticinco.
ANTONIA: ¡Ay! Me voy ahora mismo. ¿Por qué no vamos al café más tarde?
ANDRÉS: Buena idea. ¿A qué hora?
ANTONIA: A las cinco menos cuarto. Hasta luego.
ANDRÉS: Hasta luego.

3-27 *(Sample essay.)*
Este semestre estudio química, matemáticas y español. Las clases son interesantes, especialmente la clase de español. El profesor es muy inteligente y habla español muy bien. Siempre prepara bien para las lecciones. Mi clase no es grande, pero todos los estudiantes son simpáticos y trabajan mucho. También estudio biología este semestre. Estoy aburrido(a) mucho en esta clase. Es una clase muy exigente y tengo que estudiar más. Hay un examen grande el lunes y tengo miedo. Hay que escribir una composición para la clase de español el jueves y necesito comprar un diccionario inglés-español en la librería hoy.
El sábado voy a ir a una fiesta en la residencia estudiantil de mi novio(a). Vamos a visitar a su familia el domingo y vamos a comer en un restaurante mexicano con ellos. Voy a estar cansado(a) pero también voy a estar contento(a) de no estudiar por dos días.

LECCIÓN 4
Las relaciones personales

4-1 *(Some answers may vary.)*
1. Recibe una carta de Marilú Suárez.
2. Marilú Suárez es una amiga de Dan Geary.
3. Ella está en Guadalajara, México.
4. Ella visita a su familia y descansa.
5. La familia de Marilú es muy unida.
6. Su papá es dentista y su mamá es profesora.
7. Ella tiene tres hermanos. Se llaman Carmen, Ernesto y Lucía.
8. Pedrito es el primo de Marilú. Es majadero y da mucha guerra.
9. Tiene dificultades porque Ernesto y Pedrito están haciendo mucho ruido.
10. Regresa a la universidad el domingo próximo.

4-2
1. abuelo
2. tía
3. cuñado
4. sobrinos
5. suegra
6. primas
7. nuera
8. hermano
9. abuelos
10. yerno

4-3 Queridísima; regresar; abogada; enseña; más inteligente; da tanta guerra como; ruido; está pasando; cerca; aquí; menores; están jugando; como; tengo que; Cariñosamente

4-4
1. más de
2. tantos; como
3. mejor que
4. más; que
5. tan; como
6. más bueno que
7. la más bonita
8. menor que

9. el más pequeño de
10. tanto como

4-5
1. Mi madre es mejor dentista que tu padre. Es la mejor dentista de México.
2. Mi hermana es mejor estudiante que tus hermanos. Es la mejor estudiante del colegio.
3. Mi perro es mas inteligente que tu perro. Es el perro más inteligente de todos los perros.
4. Mi abuela es más generosa que tus abuelos. Es la abuela más generosa de Acapulco.
5. Mi prima es más simpática que tus primas. Es la prima más simpática de todo el país.

4-6
1. Paco, tu madre no es mejor dentista que el padre de Jorge. Es tan buena dentista como el padre de Jorge.
2. Paco, tu hermana no es mejor estudiante que los hermanos de Jorge. Es tan buena estudiante como los hermanos de Jorge.
3. Paco, tu perro no es más inteligente que el perro de Jorge. Es tan inteligente como el perro de Jorge.
4. Paco, tu abuela no es más generosa que los abuelos de Jorge. Es tan generosa como los abuelos de Jorge.
5. Paco, tu prima no es más simpática que las primas deJorge. Es tan simpática como las primas de Jorge.

4-7 (Answers may vary.)
1. Ana está escuchando el estéreo.
2. Margarita está mirando la televisión.
3. Pepe está escribiendo una carta.
4. Clara está tocando la guitarra.
5. Chonín está aprendiendo a cantar.
6. Marta está sirviendo unos refrescos.
7. Felipe está hablando por teléfono.
8. Alfredo está haciendo aeróbicos.
9. Esteban está comiendo hamburguesas.
10. Olga está haciendo una torta.

4-8
2. Está jugando al fútbol.
3. Están durmiendo la siesta.
4. Está dando mucha guerra.
5. Están comiendo unos sándwiches.

4-9
1. quiere ir al cine esta noche.
2. el Cine Rialto.
3. "Lágrimas de amor".
4. una de las películas favoritas de Laura.
5. a qué hora es la función.
6. a las siete.
7. a las seis y media.

4-10 (Sample answers.)
1. LAURA: ¡Hola, Raúl! ¿Quieres ir a la nueva discoteca "La Bamba" conmigo esta noche?
RAÚL: Sí, me encantaría. ¿A qué hora pasas por mí?
LAURA: A las ocho y cuarto.
RAÚL: Hasta pronto, entonces.
LAURA: Hasta pronto.
2. RAÚL: ¡Hola, Laura! ¿Quieres ir a la playa conmigo esta tarde para tomar el sol?
LAURA: Gracias, pero no puedo. Tengo que visitar a unos amigos. ¿Quieres ir al café esta noche para charlar?
RAÚL: Sí, vamos. ¿A qué hora?
LAURA: A las diez. Hasta luego.
RAÚL: Hasta luego.

4-11 (Some answers may vary.)
1. Sí, me encantaría.; A las seis.
2. Te llamo para ver si quieres ir a la playa.; Sí, vamos.
3. Muchas gracias.; Sí, claro.
4. Gracias, pero no puedo.; Lo siento, pero tengo que estudiar.

4-12
1. Están presentando una película divertida.
2. Está conversando en un café.
3. Estoy mirando una película de horror.
4. Estoy escuchando la orquesta nueva.
5. Están paseando por el centro.

4-13
1. quiere, queremos, Queréis, quieres
2. prefieren, prefiere, prefiere, prefiero, Prefieren
3. pienso, piensan, Pensáis, piensa, Piensas

4-14 *(Possible answers.)*
1. Sí, tengo muchos hermanos.
2. Sí, vienen mucho a la universidad.
3. Sí, pienso visitar a mi familia en una semana.
4. Sí, ellos entienden español.
5. Prefiero conversar con mi familia.

4-15
1. es, es, está, está, Es, está, está
2. son, están, es, Son, están, es
3. es, son, son, es, es, es, estoy, es, es, es

4-16 *(Answers will vary but verbs should not.)*
1. es
2. está
3. es
4. está
5. soy
6. soy
7. estoy
8. estoy
9. soy
10. somos
11. estamos
12. estamos

4-17 *(Sample answers.)*
1. Chucho es mi mejor amigo. Tiene unos veinte años. Es bajo y un poco gordo también. No es guapo. Es un poco feo. Siempre tiene un periódico en la mano.
2. Mariana es una mujer alta y es muy delgada. Es inteligente. Siempre lleva libros. Tiene unos veinte años. Es bonita.
3. Carlos es un hombre muy guapo, pero hoy está enfermo. También es muy tímido. Tiene unos cuarenta años.

4-18
1. Conoces, ...conozco...
2. Sabes, ...sé...
3. Conoces, ...conozco...
4. Sabe, ...sabe...
5. Saben, ...saben

4-19
1. Saben
2. Conocen
3. Sabe
4. Conocen
5. Sabes
6. Saben
7. Sabe
8. Conoces
9. Sabe
10. Conoces

4-20 *(Answers may vary slightly.)*
1. Está en México, en una de las playas más bonitas. Está en México para las vacaciones.
2. Está tomando el sol.
3. Van a nadar y después van a dormir una siesta.
4. Va a bailar en una discoteca nueva.
5. Está en un café. Está conversando con otros estudiantes.
6. Van a visitar las ruinas de Chichén Itzá.
7. Verónica piensa que Cristina está escribiendo un trabajo para la clase de historia o trabajando para su papá.
8. Van a correr por la playa.

4-21 *(Some answers may vary.)*
1. —Me llamo ... ¿Cómo te llamas tú?
   —Soy de ... ¿Y tú?
   —Estudio inglés... ¿Qué estudias tú?
2. —Estoy bien, gracias. ¿Qué pasa?
   —... conozco a Susana.
   —Es simpática, inteligente, bonita...
   —... sabe hablar español muy bien. ¿Por qué?
3. —Estoy escuchando la radio. ¿Y tú?
   —Sí. Estoy lista. A propósito, en tu opinión, ¿quin es más inteligente, Pedro o Ana?

10 *¡Arriba! Workbook*

—Yo creo que Ana trabaja más que Pedro.
4. —Preferimos ir al cine. ¿Y tú?
—¿Quién es Paco?
—¿Cómo es (él)?
—Bueno, vamos a la fiesta.
5. —Lo siento, no puedo. Tengo que trabajar.
—Me encantaría.
—A las siete.
—Sí, vamos.

4-22 (Answers will vary.)

4-23 (Answers will vary.)

4-24 (Letters will vary.)

LECCIÓN 5
¡A divertirnos!

5-1
1. sábado, por la mañana.
2. qué van a hacer.
3. leyendo algunos anuncios que aparecen en el centro estudiantil.
4. ir al partido de básquetbol.
5. hace buen tiempo y no quiere estar dentro de un gimnasio.
6. ir a la feria internacional.
7. ir a la playa / hace sol y mucho calor.
8. nadar en el mar y hacer un picnic.
9. los sándwiches / comprar los refrescos.
10. traer la sombrilla.
11. la bolsa con los trajes de baño / el baúl.
12. están en la residencia estudiantil.
13. van a poder nadar en el mar.

5-2 (Answers may vary.)
1. Es una mala idea.
2. Me da igual. / No sé. ¿Qué te parece?
3. Sí, tienes razón.
4. No sé. ¿Qué te parece?
5. ¡Magnífico!
6. ¡Fabuloso!
7. Es una buena idea.
8. ¡Bárbaro!

5-3 (Answers may vary.)
1. Hace mucho viento.
   Nieva mucho.
   Hace mucho frío.
   No hace buen tiempo.
2. Hace mucho calor.
   Hace sol.
   Hace buen tiempo.
   No hace viento.
3. Hace fresco.
   Hace viento.
   No hace sol.
   No llueve.
4. Hace buen tiempo.
   Hace fresco.
   Hace sol.

5-4
1. Están en la bolsa.
2. Está en el baúl.
3. Están en la heladera.
4. Está en el baúl.
5. Están en la bolsa.

5-5 (Answers may vary.)
2. hace fresco y viento.
3. hace calor y sol.
4. hace frío o fresco.
5. hace buen tiempo pero llueve mucho.
6. sol / voy a la playa.
7. hace calor.
8. hace buen tiempo / estudio.

5-6
1. ponen, pongo, pones, pone
2. sale con, salen a, salen a, salgo de, salgo del, salimos a
3. ves, ve, ven, vemos, veo
4. haces, hago, hacen, hacer, hace
5. traes, traigo, trae, traen

5-7 salen, trae, hace, ponen, salir, salimos, pongo, salir, ver, salir, hago, ver, salgo, salimos

5-8
1. a, a
2. a
3. Ø
4. Ø, a
5. a
6. Ø, Ø
7. Ø
8. a, a
9. Ø
10. a

5-9
1. Sí, los llevamos.
2. Sí, la necesitamos.
3. Sí, estamos esperándola. / Sí, la estamos esperando.

4. Sí, las necesitamos.
5. No, no la traemos.
6. No, no lo llevamos.
7. No, no los hacemos.
8. Sí, los vamos a comprar. / Sí, vamos a comprarlos.
9. No, no las necesitamos llevar. / No, no necesitamos llevarlas.
10. Sí, lo compramos.

5-10
1. No, no hay que comprarla.
2. No, no tenemos que invitarlo. / No, no lo tenemos que invitar.
3. Sí, vamos a ponerla en el baúl. / Sí, la vamos a poner en el baúl.
4. No, no es necesario leerlos antes de salir.
5. Sí, tenemos que hacerlas antes de salir. / Sí, las tenemos que hacer antes de salir.
6. Sí, hay que ponerlo en el baúl.

5-11
1. Juega al tenis.
2. Practica ciclismo y natación.
3. Esquía en Bariloche.
4. Su deportista favorita es la tenista argentina, Gabriela Sabatini.
5. Es entrenador de un equipo de fútbol.
6. Necesitan ser agresivos y disciplinados.
7. Grita: "¡Arriba!", "¡Buena jugada!", "¡Qué pase!"
8. No le caen bien pero respeta sus decisiones.
9. El deporte favorito de Fernando es el béisbol.
10. Es jardinero izquierdo.
11. Generalmente batea bien.
12. La temporada es de noviembre a enero.
13. Le gusta porque es un deporte muy rápido.
14. No le gusta porque lo encuentra lento y aburrido.
15. No le gusta porque es violento.
16. No entiende el fútbol americano, pero le gusta.

5-12
1. una raqueta / una pelota
2. un bate / una pelota
3. una cancha / un balón
4. una cancha
5. el árbitro
6. Los aficionados / los fanáticos
7. jugadores / la estrella
8. El entrenador
9. un equipo
10. empatan

5-13 1. e 2. a 3. h 4. j 5. b 6. d 7. g 8. c 9. f 10. i

5-14 (Answers may vary.)
1. ¡Abajo!
2. ¡Vamos!
3. ¡Viva!
4. ¡Ahora!
5. ¡Qué pase!
6. ¡Qué jugada!
7. ¡Dale!
8. ¡Vamos!
9. ¡Dale!
10. ¡Viva!

5-15 (Answers may vary.)
1. No me gusta el básquetbol porque es agresivo.
2. Me gusta la natación porque es divertida.
3. No me gusta el ciclismo porque es aburrido.
4. Me gusta el hockey porque es emocionante.
5. No me gusta el tenis de mesa porque es lento.
6. Me gusta el esquí porque es rápido.

5-16 almuerzan, almuerzo, soy, vuelven, van, llueve, juegan, sueñan, puede, jugar, vuela, entiendo, voy, cuestan, puedo, pienso, juega, cuento, perder, puedes

5-17
1. duerme
2. puede
3. muestra
4. cuenta
5. almorzamos
6. empieza, vuelve
7. encuentra
8. llueve

5-18 1. le 2. me 3. te 4. nos 5. les 6. les 7. Me 8. les 9. nos 10. Te

5-19
1. Nos falta
2. te molestan
3. nos quedan

4. les interesa
5. les gusta
6. me caen bien
7. le gustan
8. le cae mal
9. Les interesa
10. le molesta

5-20 *(Answers may vary.)*
1. Sí, me gustan los deportes. Me gustan el béisbol, el básquetbol y el fútbol.
2. Sí, nos interesa hacer un picnic grande.
3. Me parecen los conciertos muy buenos.
4. Me gusta ir a la playa. Me gusta mirar los deportes en la televisión.
5. Nos interesa dar paseos, ir al cine, organizar fiestas y nadar.

5-21
1. A nosotros
2. A ti
3. A mí
4. A él, A ella *or* A Ud.
5. A ellos, A ellas *or* A Uds.

5-22 *(Answers will vary but prepositions and pronouns should not.)*
1. Para mí, es más importante estudiar.
2. Fernando estudia conmigo.
3. A nosotros nos interesa más el vólibol.
4. Susana juega a mi deporte favorito conmigo.
5. Nos gusta más el básquetbol.

5-23 *(Answers will vary.)*

5-24 *(Answers will vary.)*

5-25 *(Sample questions are given below; answers may vary.)*
1. ¿Cuál es tu deporte favorito?
2. ¿Qué haces los fines de semana?
3. ¿A qué deporte juegas?
4. ¿Dónde almuerzas?
5. ¿A qué hora vuelves a casa después de las clases?
6. ¿Qué haces cuando llueve?
7. ¿Qué haces cuando hace frío?
8. ¿Qué haces cuando hace calor?
9. ¿Quién es tu deportista favorito(a)?

(Sample paragraph.)

A mi amigo Carlos, le gusta mucho el tenis. Su deportista favorito es Jimmy Connors, un jugador que tiene cuarenta años pero es muy emocionante. Carlos juega al tenis, pero no es una estrella. Los días de clase, Carlos almuerza en el centro estudiantil y vuelve a su residencia después de las clases a las cuatro. Los fines de semana, le gusta salir mucho. Va a los conciertos y a las fiestas. También le interesa el cine y sale con su novia al cine los sábados por la noche. Cuando hace frío, le gusta esquiar y cuando hace calor, le gusta dar un paseo por la playa. Cuando llueve, tiene que estudiar y no sale.

5-26 *(Sample paragraph.)*

Raúl tiene dieciocho años y es de la República Dominicana. Le gusta mucho jugar al béisbol y sueña con jugar al béisbol profesional en el futuro. Hoy juega en un partido muy importante, el campeonato de la temporada. Tiene la posición de jardinero izquierdo y mira al jugador que batea ahora. Es un día perfecto para jugar al béisbol. Hace sol y no hace mucho frío. Los aficionados están gritando mucho y el partido es emocionante. Raúl sabe que su equipo juega muy bien y que va a ganar el campeonato. Su entrenador es muy bueno y cree que es necesario ser agresivo y disciplinado. El jugador del otro equipo no batea bien hoy. Raúl está un poco nervioso. El jugador batea la pelota a la cancha izquierda. Raúl tiene la pelota en su guante. Está muy contento ahora. Su equipo es el campeón.

LECCIÓN 6
La comida

6-1
1. falso
2. falso
3. cierto

4. falso
5. falso
6. falso
7. cierto
8. cierto
9. cierto
10. falso
11. falso
12. falso
13. falso
14. falso
15. falso

6-2
1. Sí, me muero de hambre.
2. La especialidad de la casa es el cerdo.
3. Están como para chuparse los dedos.
4. Solamente la cuenta, por favor.
5. Enseguida.
6. Buen provecho.
7. Sí, quisiera el pollo asado.

6-3
1. una taza
2. una cuchara
3. un vaso
4. un tenedor, un cuchillo
5. un tenedor, un cuchillo
6. una cuchara
7. una servilleta
8. un plato

6-4
1. pan, jamón, queso, pollo, hamburguesa
2. lechuga, espárragos, habichuelas
3. frijoles, cebolla
4. agua mineral, cerveza, *coca-cola*, vino, gaseosa, jugo de naranja, leche, té, café
5. cebolla, tomate
6. fresas, manzanas, uvas, tomates
7. uvas, fresas
8. manzanas, peras, uvas

6-5 (*Answers may vary.*)
1. está bien cocida.
2. está horrible.
3. está crudo.
4. están crudos.
5. está caliente.

6-6 (*Answers will vary.*)
1. Almuerzo a las doce.
2. Como una hamburguesa y papas fritas.
3. Ceno en un restaurante.
4. Sí, desayuno. Me gusta desayunar huevos revueltos y tostadas.
5. Sí, me gusta probar platos nuevos. No pruebo los caracoles.

6-7 riñe, reñir, dice, servir, consigue, pide, repite, sigue, sirve, dice

6-8 tiene, empieza, puede, prefiere, dormir, almuerza, pide, sirve, vuelve, comienza, Quiere, juega, Dice, piensa

6-9 (*Answers may vary.*)
1. Quiero esta torta.
2. Quiero estas habichuelas.
3. Quiero este arroz.
4. Quiero estos espárragos.
5. Quiero estas fresas.
6. Quiero este jugo.

6-10
1. CAMARERO: ¿Desea probar este plato típico?
   CLIENTE: No, gracias. Prefiero comer ese sándwich.
2. CAMARERO: ¿Desea probar estas tostadas?
   CLIENTE: No, gracias. Prefiero comer esos huevos revueltos.
3. CAMARERO: ¿Desea probar este sándwich de queso?
   CLIENTE: No, gracias. Prefiero comer esa sopa de vegetales.
4. CAMARERO: ¿Desea probar estas legumbres?
   CLIENTE: No, gracias. Prefiero comer esas frutas.
5. CAMARERO: ¿Desea probar este filete de res?
   CLIENTE: No, gracias. Prefiero comer esa langosta.
6. CAMARERO: ¿Desea probar esta chuleta de cerdo?
   CLIENTE: No, gracias. Prefiero comer ese filete de pescado.

6-11
1. ¿Recuerdas aquel flan?
2. ¿Recuerdas aquella sopa de vegetales?
3. ¿Recuerdas aquel almuerzo en casa de Ricardo?
4. ¿Recuerdas aquel atún?
5. ¿Recuerdas aquellas frutas en México?

6. ¿Recuerdas aquellos huevos revueltos?

6-12
1. Prefiero este pan, no ése.
2. Prefiero esas legumbres, no aquéllas.
3. Prefiero esos camarones, no aquéllos.
4. Prefiero este helado, no ése.
5. Prefiero esa torta, no aquélla.
6. Prefiero esas gaseosas, no aquéllas.

6-13
1. éstos, ésos (aquéllos)
2. éstas, ésas (aquéllas)
3. éste, ése (aquél)
4. éstas, ésas (aquéllas)
5. ésta, ésa (aquélla)
6. éstos, ésos (aquéllos)

6-14
1. ¿Cómo? ¿No se las repite?
2. ¿Cómo? ¿No se las trae?
3. ¿Cómo? ¿Se la consigue por fin?
4. ¿Cómo? ¿Se los sirve?
5. ¿Cómo? ¿No se los piden?
6. ¿Cómo? ¿No se la prepara?
7. ¿Cómo? ¿No se la dan?
8. ¿Cómo? ¿Se la van a pedir (Van a pedírsela) ahora?

6-15
1. Sí, se los está llevando (está llevándoselos).
2. Sí, se lo están pidiendo (están pidiéndoselo).
3. Sí, se lo están preparando (están preparándoselo).
4. Sí, me los está sirviendo (está sirviéndomelos).
5. Sí, se la estamos pagando (estamos pagándosela).
6. Sí, nos lo está trayendo (está trayéndonoslo).

6-16
1. La tía Julia va a cocinar el arroz con pollo.
2. Este plato es muy popular en la región del Caribe.
3. Hay que cortar el pollo y ponerlo en un recipiente.
4. Le añade jugo de limón y un poco de ajo picado al pollo.
5. Calienta un poco de aceite de oliva en una cazuela.
6. Cocina el pollo a fuego mediano.
7. Le añade una cebolla y un ají verde. Lo cocina por cincominutos.
8. Añade una taza de salsa de tomate, una cucharada de sal, una pizca de pimienta y azafrán, media taza de vino blanco y dos tazas de caldo de pollo. Lo deja cocinar por unos cinco minutos más.
9. Le añade dos tazas de arroz blanco. Lo deja cocinar por unos veinticinco minutos.
10. Sirve el arroz con pollo caliente.

6-17
1. el fregadero.
2. el congelador.
3. el microondas.
4. una cafetera.
5. el refrigerador.
6. la estufa.
7. el (la) sartén.
8. la receta.
9. un recipiente.
10. un cucharón.
11. la tostadora.
12. pelar

6-18
1. Está cortando unas zanahorias.
2. Está mezclando ingredientes en un recipiente.
3. Está pelando las papas.
4. Está batiendo los huevos (con un cucharón).
5. Está tostando pan.
6. Está añadiéndole una cucharadita de jugo de limón al recipiente.

6-19
1. Hay que añadirle una pizca de sal a la sopa.
2. Es necesario freír la cebolla picada a fuego mediano.
3. Primero, (yo) voy a calentar una taza de aceite de oliva en la cazuela.
4. (Nosotros) estamos batiendo los huevos con el ají verde en el (un) recipiente.
5. Ellos van a echarle una cucharadita de azafrán a la cazuela.

6-20
1. Dé(me)

Answer Key 15

2. Mezcle
3. Bata
4. Vuelva
5. Ponga
6. Venga
7. llegue
8. Vaya
9. Sepa
10. Empiece

6-21
1. Sean
2. Consigan
3. Hiervan
4. Frían
5. Pelen
6. Mezclen
7. Horneen
8. Pidan
9. Prueben
10. Sirvan

6-22
1. No, no se la pidan.
2. Sí, cómprenselos.
3. Sí, sírvamela.
4. No, no se la dé.
5. Sí, pélemelas (péleselas).
6. Sí, añdasela.
7. Sí, prepárenmelas.
8. No, no me lo saquen.

6-23
1. no / ni té ni café
2. algo / nada
3. alguna / ninguna
4. algo / algún (un) / ningún
5. alguien / nadie
6. algo / Siempre / Nunca

6-24
1. Nadie está en la cocina.
2. Nadie prepara ni huevos fritos ni huevos revueltos.
3. No hace tostadas tampoco.
4. Yo siempre te preparo el desayuno.
5. Tú nunca me preparas ni el almuerzo ni la cena.
6. Tampoco me pagas la cuenta nunca cuando comemos en un restaurante.
7. Yo siempre preparo algunas recetas interesantes.
8. Tú nunca me sirves el desayuno.

6-25 (Answers may vary.)

1. Camarero, la sopa de mi amiga está fría y la cerveza de mi amigo está caliente.
2. No hay ni sal ni pimienta en la mesa.
3. El bistec de mi amigo está crudo y le gusta bien cocido.
4. Este amigo quiere (pide) espárragos, no zanahorias.
5. Señor, no queremos el café ahora. Tráiganoslo más tarde con el postre, por favor.
6. El café está frío. Tráiganos café caliente, por favor, y dos tazas de té también.
7. De postre, quisiéramos dos pedazos de torta de chocolate, un pastel de manzana y un helado de fresa. También traiga la cuenta, por favor.
8. Señor, Ud. no tiene razón. La cuenta no debe ser $159.92. Debe ser $148.87.

6-26 (Sample paragraph.)

Desayuno todos los días a las ocho. Normalmente, como cereal con una banana o fresas, un vaso de jugo de naranja, unas tosta das y una taza de café. A veces, los fines de semana, desayuno con mis amigos en un restaurante. En el restaurante, pido huevos revueltos o huevos fritos. Tengo clase de diez a doce y después, a las doce y media, voy al centro estudiantil para almorzar con mis amigos. Hablamos de las clases, de los hombres (las mujeres), claro, y de las tareas. No comemos mucho durante el almuerzo; una ensalada o sopa normalmente. Luego a las tres o a las cuatro tomamos té y un postre.

Cenamos a las cinco o a las seis en el comedor de la universidad. Generalmente sirven comidas buenas. Hay muchas opciones. Sirven una cena vegetariana, una cena de dieta y la cena normal. A mí me gustan mucho las legumbres y por eso pido generalmente la cena vegetariana. Después de comer, hago ejercicios y empiezo a estudiar.

LECCIÓN 7
¡De compras!

7-1
1. Piensan ir de compras.
2. Ponen el televisor para ver las ofertas que hay en los almacenes y tiendas de Lima.
3. Ofrece muchas gangas.
4. Ofrece un descuento de 30%.
5. Hay una gran venta-liquidación.
6. Hay más de cincuenta tiendas.
7. Se puede comprar ropa de moda, zapatos, regalos y artículos para el hogar.
8. Quiere ver las chaquetas y las camisas que están en rebaja.
9. Las chaquetas están en el tercer piso y las camisas están aquí.
10. La talla de Manuel es la cuarenta.
11. Se prueba la camisa en el probador. Le queda bien.
12. Su billetera está en casa.
13. El dependiente va a guardar la camisa.

7-2 centro comercial, ir de compras, una falda, un suéter, aprovechar, probador, una corbata, de manga corta, pantalones, un par, una sección de ropa para hombres, una venta-liquidación, tarjeta de crédito, bolso

7-3 *(Answers will vary.)*
1. llevo un vestido azul, una chaqueta blanca y un par de zapatos negros.
2. llevo jeans viejos, una blusa bonita y unos zapatos de tenis blancos.
3. llevo un suéter lindo, unos pantalones y botas negras.
4. llevo un abrigo grande, unos guantes, un sombrero verde y unas botas de cuero.
5. llevo pantalones cortos de algodón, una blusa de manga corta y unas sandalias.

7-4 *(Answers will vary.)*
Busco unos pantalones nuevos.
Es la cuarenta y dos.
Sí, me gustaría.
Necesito también una camisa de manga larga.
Con mi tarjeta de crédito.

7-5 *(Answers may vary.)*
Por favor, ¿dónde está la sección de ropa para mujeres?
¿Dónde están las blusas en rebaja?
¿Puedo probarme las blusas?
¿Qué tal me queda (esta blusa)?
¿No me queda grande?

7-6
1. el probador
2. La vitrina
3. la caja
4. el bolso
5. una talla
6. un impermeable
7. botas
8. algodón
9. la etiqueta
10. rebaja

7-7 *(Answers will vary.)*
1. Sí, ahorro dinero para ir de compras.
2. Me queda grande.
3. Mi talla es la doce.
4. Sí, me gusta ir de compras.
5. Siempre voy de compras cuando la tienda rebaja los precios.

7-8 Ahorra, compra, Compara, almuerza, hables, Lleva, come, bebe, Espéra(me), pienses, Piensa, Píde(le)

7-9
1. Pása(me)
2. Vayan
3. tengas
4. Vuelve
5. Díga(me)
6. pruebes
7. Vaya
8. Búsque(me)
9. pidas
10. Vengan

7-10 *(Answers will vary, but verb forms should not.)*
A tu amigo(a):
1. ve / no vayas
2. pide / no pidas
3. almuerza / no almuerces
4. lee / no leas
5. paga / no pagues

Answer Key 17

6. ven / no vengas
7. habla / no hables
8. aprovecha / no aproveches
9. piensa / no pienses
10. vuelve / no vuelvas

A otros dos amigos:
1. hagan / no hagan
2. ahorren / no ahorren
3. salgan / no salgan
4. compren / no compren
5. tengan / no tengan

A la madre:
1. venga / no venga
2. busque / no busque
3. traiga / no traiga
4. pruebe / no pruebe
5. vaya / no vaya

7-11
1. No se lo pidas.
2. Cómpraselas.
3. Explícamelo.
4. No me la hagas.
5. Muéstramela.
6. No me lo pongas.
7. Léemelos.
8. No me lo digas.
9. No me lo muestres.

7-12
1. Sé
2. Pon(te)
3. hagas
4. vayas
5. digas
6. Ven
7. Sal
8. pidas
9. Ten
10. Ve

7-13
1. quinta
2. cuarto
3. octavo
4. novena
5. segundo
6. séptimo
7. sexto
8. tercera
9. décimo
10. primer

7-14
1. Hablan de sus compras.
2. Lucía la llama por teléfono.
3. La llamó tres veces.
4. Fue de compras a La Gran Vía.
5. Compró unos de esos jeans que están de moda.
6. Le compró un llavero de plata a su novio.
7. Le compró un frasco de colonia a su papá y un frasco de perfume a su mamá.
8. Gastó mucho dinero.
9. Usó la tarjeta de crédito de su papá.
10. Va a pagarle el dinero el mes que viene.
11. Victoria siempre dice que va a pagarle a su papá, pero nunca lo hace.

7-15 *(Answers may vary.)*
1. ...champú, desodorante, frascos de colonia y de perfume, pasta de dientes y talco.
2. ... anillos, cadenas, collares, llaveros, medallas de oro, pendientes, pulseras y relojes pulsera.
3. ...papel, lápices, bolígrafos, tarjetas, cuadernos y borradores.
4. ... botas, zapatos, zapatos de tenis y sandalias.

7-16 *(Answers will vary.)*
1. A mis hermanas les compro perfume.
2. A mi novio(a) le compro un llavero de oro.
3. A mi papá le compro una camisa.
4. A mi mejor amigo(a) le compro una cadena de plata.
5. A mi profesor(a) de español le compro un diccionario.
6. A mi hermano menor le compro un reloj pulsera.

7-17
¿Adónde fuiste?
¿Cómo te fue? ¡Cuéntame!
¿dónde estuviste?
¿Qué hiciste?
¿Qué pasó?

7-18
1. hacen juego
2. cheques / en efectivo
3. Están de moda
4. pagar a plazos
5. devolver(la)

18 *¡Arriba! Workbook*

6. gastar
7. Aceptan
8. pagar con cheque
9. de oro / de plata
10. arreglár(melos)

7-19 decidió, Llamó, acompañé, sentí, llegaron, entró, corrió, preguntó, respondió, volvió, vio, salió, empezó, buscó, encontró, compró, decidieron

7-20
1. probaron, salieron, Comieron, volvieron, encontraron
2. pasamos, pedimos, Subimos, compramos, Fuimos
3. encontraste, compraste, Saliste, Devolviste, gastaste
4. leí, decidí, pagué, mostré, llevé

7-21 *(Answers will vary, but verb forms should not.)*
1. hiciste / Salí con mis amigas.
2. Fuiste / Sí, fui de compras al centro comercial.
3. Tuviste / Sí, tuve que comprarle un regalo a mi novio(a).
4. Estuviste / No, no estuve cansado(a).
5. diste / Sí, le di un regalo a mi novio(a).

7-22
1. fui, fue, fueron, fuimos
2. tuve, tuvieron, tuvimos, tuvo
3. di, dieron, dio, dimos
4. hizo, hicimos, hicieron, hice
5. estuvo, estuve, estuvieron, estuvimos

7-23 jugué, llegué, empecé, Toqué, busqué, Entré, vi, abracé, expliqué, Fui, pagué, entraron

7-24 *(Answers will vary.)*

7-25 *(Answers will vary.)*

7-26 *(Answers will vary.)*

7-27 *(Sample essay.)*

El sábado pasado fui al centro comercial para comprar ropa especial para la fiesta de mi novio Raúl. Busqué el vestido perfecto para impresionar a Raúl. Fui a muchas tiendas y finalmente llegué a la tienda donde encontré el vestido más elegante del mundo, un vestido azul, de manga larga. También compré unos zapatos nuevos que le hacen juego al vestido. Claro que necesité comprar también unos pendientes, un collar y una pulsera.

Después de salir de las tiendas, volví a mi apartamento y vi a mi amiga Gloria. Nosotras fuimos a almorzar en el café. Comí una ensalada grande y ella comió una hamburguesa con papas fritas. Después de comer, estudié un poco y escribí una composición para la clase de inglés.

A las ocho salí para la fiesta de Raúl. Escuché música, hablé con mis amigos y bailé mucho con Raúl. Comí unos postres y bebí una copa de vino. A las nueve entraron muchos otros amigos y gritaron "Sorpresa". Fue una fiesta de cumpleaños para mí. Y Raúl la preparó. ¡Qué noche!

7-28 *(Sample story.)*

Raúl entró en el Corte Inglés para comprar un frasco de perfume para el cumpleaños de su madre. Decidió también visitar la sección de ropa para hombres. Raúl leyó esa mañana en el periódico los anuncios de las grandes rebajas en los precios de la ropa para hombres. ¡Qué gangas! El dependiente le mostró muchos artículos de ropa. Raúl estuvo muy contento y probó muchas cosas. Decidió comprar todos los suéteres, todos los pantalones, todas las corbatas que el dependiente le mostró. Después de seleccionar la ropa, fue con el dependiente a la caja para pagar sus compras. El dependiente llevó toda la ropa. Estuvo cansado de llevar tanta ropa.

Raúl empezó a buscar su billetera. No la encontró. Tampoco encontró ni la tarjeta de crédito ni los cheques. El dependiente no estuvo contento. Pobre Raúl. Salió de la tienda sin la ropa nueva y sin el frasco de perfume para su madre. Estuvo muy cansado y no muy contento.

LECCIÓN 8
La rutina diaria

8-1
1. falso
2. falso
3. falso
4. falso
5. cierto
6. falso
7. falso
8. falso
9. falso
10. falso

8-2
1. un despertador
2. jabón
3. un cepillo de dientes / pasta dentífrica
4. tijeras
5. un lápiz labial
6. el espejo
7. una secadora / una toalla
8. crema de afeitar
9. colorete
10. una toalla

8-3 (Answers may vary.)
1. Me despierto. Me levanto. Me baño. Me seco con una toalla. Me preparo el desayuno.
2. Se ducha. Se afeita. Se cepilla el pelo. Se viste. Se mira en el espejo.
3. Se ponen cansados. Se cepillan los dientes. Se quitan la ropa. Se acuestan. Se duermen.
4. Nos ponemos la crema de afeitar. Nos afeitamos. Nos lavamos la cara. Nos ponemos la ropa.

8-4 (Answers will vary.)
1. Sí, soy madrugador(a). Me despierto a las seis.
2. Sí, me pongo nervioso(a) cuando estoy atrasado(a).
3. Me pongo impaciente cuando estoy esperando alguien.
4. Prefiero ducharme.
5. Me acuesto a las once.

8-5
1. se mira
2. nos levantamos
3. se seca
4. Te lavas
5. se maquilla
6. se bañan
7. me ducho, levantarme
8. se pone
9. se afeita
10. Te pintas

8-6 me acosté, me desperté, Me dormí, me olvidé, me desperté, me acordé, me duché, me vestí, Salí, pintarme, mirarme, llegué, empezaron, me acordé, ponerme

8-7
1. Ponte
2. te duermas
3. se pongan
4. maquíllate
5. se peleen
6. Siéntate, prepárate
7. péinate
8. te enojes
9. lávate
10. te enamores

8-8
1. se está mirando (está mirándose)
2. están preparando
3. se están maquillando (están maquillándose)
4. está peinando
5. está llamando
6. se está poniendo (está poniéndose)
7. están secando
8. está pintando

8-9 vinieron, trajo, trajo, trajeron, traje, invitó, dijo, trajimos, me puse, pude, acordarme, conocí, me enamoré, miró, dijo, me puse, pude, sonreí, fui, pedí, dijeron, supe, Quise, pude

8-10 (Sample answer.)
Fui al jardín y me encontré con Magdalena. Ella estuvo sor prendida pero contenta también. Le expliqué el error que hice y le dije "Lo siento". Ella comprendió muy bien y me dijo que tampoco se acuerda fácilmente de los nombres. Supo que me enamoré de ella la primera vez que la conocí. La invité a salir el día siguiente y ella aceptó.

8-11
1. repitió

2. sirvió
3. se puso
4. se rió
5. siguieron
6. sintió
7. pidió, invitó
8. dijo
9. pidió, llegó
10. prefirió, se alegró
11. anduvieron
12. dijo, dio

8-12 *(Answers will vary.)*
1. Me sentí nervioso(a).
2. Fuimos a un buen restaurante mexicano.
3. Supe que me conoció el año pasado en la fiesta de un amigo.
4. Me vestí elegantemente.
5. No, no pude dormir bien.

8-13
1. la visita de una familia ecuatoriana
2. ayuda a sus hijos
3. hacer los quehaceres domésticos
4. pasar la aspiradora en la sala, sacudir los muebles del comedor / poner la mesa
5. limpiar el baño / barrer la terraza
6. en casa de los abuelos
7. era sirvienta / los quehaceres domésticos
8. un chico alto que tenía los ojos verdes
9. cortaba la hierba
10. pensando en la musarañas
11. volver a vivir

8-14
1. Barrí el piso con la escoba.
2. Puse la mesa.
3. Sequé la ropa en la secadora.
4. Hice la cama.
5. Puse los platos en el lavaplatos.
6. Corté la hierba.
7. Preparé / Cociné la comida.
8. Saqué la basura.
9. Sacudí los muebles.
10. Limpié / Ordené el cuarto.

8-15 *(Answers will vary.)*
1. Ponga la alfombra en el centro de la sala.
2. Ponga el estante en la sala lejos del sofá.
3. Ponga la mecedora en la sala encima de la alfombra.
4. Ponga el sofá en la sala entre la mecedora y la mesa.
5. Ponga el tocadiscos en la sala arriba del estante.
6. Ponga la cama en el dormitorio cerca de la ventana.
7. Ponga la mesa de noche en el dormitorio cerca de la cama.
8. Ponga la cómoda en el dormitorio contra la pared.
9. Ponga la lámpara sobre la mesa de noche en el dormitorio.
10. Ponga el aparador en el comedor a la izquierda de la mesa.
11. Ponga la mesa en el centro del comedor.
12. Ponga las sillas junto a la mesa en el comedor.
13. Ponga el cuadro entre las dos ventanas del comedor.

8-16 *(Answers may vary.)*
1. Limpio el cuarto completamente dos veces al mes.
2. Hago la cama todos los días.
3. Lavo la ropa una vez a la semana.
4. Paso la aspiradora de vez en cuando.
5. Saco la basura una vez a la semana.

8-17
1. barría el piso / cocinaba la comida
2. cortaba la hierba / quitaban la mesa
3. pasaba la aspiradora / sacudía los muebles
4. ordenabas el cuarto / poníamos la mesa
5. hacía la cama / sacaban la basura
6. pensaba en la musarañas / subía la escalera

8-18 *(Answers will vary.)*
1. Cuando estaba en la escuela secundaria, me divertía mucho. Ahora me divierto más.
2. ...me acostaba a las nueve y media. Ahora me acuesto a las once.

3. ...ordenaba mi cuarto todas las semanas. Ahora ordeno mi cuarto una vez al mes.
4. ... vivía en la planta baja. Ahora vivo en el sexto piso.
5. ... trabajaba en el jardín. Ahora no trabajo en el jardín.
6. ...estudiaba todas las noches. Ahora estudio por las tardes.
7. ... mi madre me preparaba las comidas. Ahora me preparo las comidas.
8. ... me vestía elegantemente. Ahora no me visto elegantemente.
9. ... me despertaba a las siete. Ahora me despierto a las nueve.
10. ... hacía la cama todas las mañanas. Ahora no hago la cama nunca.

8-19
1. era, era, eran, era, éramos
2. iba, iban, iba, íbamos
3. veía, veían, veía, veíamos

8-20 (Answers will vary.)
1. Era simpático(a) y muy trabajador(a).
2. Iba a la playa con mis amigos.
3. Vivía en San Diego.
4. Limpiaba la sala y el baño.
5. Sí, veía mucho a mis parientes.

8-21 (Answers will vary.)

8-22 (Answers will vary.)

8-23 (Sample paragraph.)
A las ocho de la mañana, me levanto. Me despierto a las siete y media pero me gusta descansar antes de levantarme. Voy al baño y me ducho. Me lavo el pelo y me cepillo los dientes. Me seco el pelo con una secadora y me visto para las clases. Me preparo el desayuno, lo como y me voy a la clase de álgebra. Tengo tres clases al día normalmente. Almuerzo con mis amigos a las doce y asisto a mi última clase. Entonces, voy a mi cuarto y lo ordeno un poco. Me duermo por una hora y voy a la biblioteca para hacer las tareas y hablar con mis amigos. A las ocho, vuelvo a la residencia estudiantil y miro la televisión o escucho discos en el tocadiscos. A las diez, me preparo para dormir. Me quito la ropa, me lavo la cara, me cepillo los dientes y me acuesto a las diez y media. Leo o escucho música por un rato y entonces me duermo.

8-24 (Sample paragraph.)
Cuando era niño, no me gustaba hacer mucho en la casa y afortunadamente tenía cinco hermanas que hacían mucho. Ellas limpiaban la casa una vez a la semana. Sacudían los muebles, pasaban la aspiradora, ordenaban los cuartos y preparaban las comidas. A ellas no les gustaba trabajar fuera de la casa y por eso no se quejaban demasiado de sus quehaceres en casa. Mi padre ponía la mesa y la quitaba después de comer. Yo era responsable de poner los platos en el lavaplatos. También sacaba la basura los viernes por la tarde. Los sábados tenía que cortar la hierba y trabajar en el jardín con mi padre. No me gustaba trabajar en el jardín y a menudo pensaba en las musarañas. Me enamoré de una chica que tenía los ojos azules. Ella vivía en la casa a la izquierda de nuestra casa. Era una chica muy simpática e inteligente. Le gustaba jugar al béisbol y a veces jugaba mejor que yo.

LECCIÓN 9
¡Buen viaje!

9-1
1. cubano-americana
2. casarse pronto
3. una amiga de Susana que trabaja en una agencia de viajes
4. corriendo de un lado para otro
5. ir a Cancún / allí se conocieron Jorge y Susana
6. hay demasiados turistas
7. un folleto / un viaje por dos semanas a Costa Rica
8. pasaje de ida y vuelta, hospedaje, comidas y excursiones / ochocientos dólares por persona

9. salen para Costa Rica de luna de miel
10. en la sala de espera de LACSA, en el aeropuerto internacional de Miami
11. la voz del agente
12. San José
13. pasar a la puerta de salida número 22

9-2
1. la ventanilla
2. el motor
3. la cola
4. el cinturón de seguridad
5. la cabina
6. el ala
7. un asiento
8. la sección de primera clase
9. la salida de emergencia
10. la sección de no fumar

9-3 *(Sentences will vary.)*
1. g 2. a 3. j 4. c 5. i 6. b 7. d 8. h 9. e 10. f

9-4 *(Answers will vary.)*
1. Viajo en primera clase.
2. Me siento en la sección de no fumar.
3. Prefiero un vuelo sin escalas.
4. Pongo el desoderante, el champú, la ropa, un libro...
5. Facturo el equipaje y llevo equipaje de mano.

9-5 se viaja, se puede, se permite, se factura, se consigue, Se dice, se sirve, se ofrecen, se llega, se necesita

9-6
1. no se puede fumar en los aviones.
2. se dice que los vuelos llegan a tiempo.
3. se venden revistas y periódicos en el aeropuerto.
4. se ofrecen sándwiches y otras comidas en el aeropuerto.
5. se necesita saber el número del vuelo.
6. se facturan las maletas.
7. se puede llevar dos maletas.
8. (siempre) se debe presentar la tarjeta de embarque.
9. se cree que los aviones son más seguros que los coches.
10. (siempre) se examinan las maletas.

9-7
1. Jorge y Susana se miraron.
2. Jorge y Susana se sonrieron.
3. Se dijeron "Hola".
4. Se pidieron el nombre.
5. Se ofrecieron una bebida.
6. Se hablaron de sus trabajos.
7. Se decidieron llamar. (Decidieron llamarse.)
8. Se invitaron al cine.

9-8 *(Answers may vary.)*
1. Sí, nos escribimos a menudo.
2. Sí, nos contamos cosas muy personales.
3. Sí, nos hablamos por telfono.
4. Sí, nos vemos a menudo.
5. Sí, nos visitamos durante el verano.

9-9 Lo que, quien, que, lo que, quien, que, lo que, lo que, que

9-10
1. Carmen habla con Patricia, que es agente de viajes.
2. Miguel va a ir a Francia, lo que le gusta mucho.
3. El aduanero, con quien habla Mercedes, tiene que examinar las maletas. (El aduanero que habla con Mercedes tiene que examinar las maletas.)
4. Justo, que va a Holanda en agosto, tiene parientes allí.
5. Jodi viaja siempre en primera clase, lo que le gusta mucho.
6. Mateo hizo un viaje a España que fue maravilloso.
7. Ésta es la azafata que pidió las tarjetas de embarque.
8. Es el mostrador de Iberia, que es la aerolínea nacional de España.
9. Ese señor con quien habla la azafata es piloto.
10. No me gustó lo que él hizo.

9-11
1. Fueron a Costa Rica y lo pasaron maravillosamente bien.
2. Visitaron el Museo Nacional y el Teatro Nacional. También hicieron varias excursiones por las siete provincias de Costa Rica.

3. Visitaron la ciudad de Heredia, que es conocida como "La ciudad de las flores".
4. Visitaron el volcán Irazú. Se podía ver el volcán desde el balcón del hotel.
5. Montaron a caballo y pasearon por el bosque.
6. Su suegra la llama por teléfono.
7. No, no son buenas amigas. La suegra la vuelve loca.
8. Va a llamarla la próxima semana, porque va a contarle los otros sucesos del viaje a Costa Rica.

9-12
1. ¡Buen viaje!
2. lo pasamos maravillosamente bien.
3. Es una vista impresionante.
4. Es precioso.
5. Fue una estadía interesante.
6. Qué lástima.

9-13
1. binoculares
2. gafas de sol
3. un mapa
4. rollo de película
5. flores / orquídeas
6. el balcón
7. la cámara fotográfica
8. una cámara de video
9. montaña
10. quedarme

9-14 (Answers will vary.)

9-15
1. alegremente
2. rápidamente
3. elegantemente
4. Generalmente / solamente
5. cuidadosamente
6. lentamente
7. correctamente
8. claramente
9. inteligentemente / emocionalmente

9-16
1. anunciaba / llegó
2. cerraba / llegué
3. despegaba / llegamos
4. corrían / llegó
5. facturaba / llegaste

9-17 decidí, Llamé, dijo, era, preguntó, quería, dije, organizó, consiguió, hizo, buscó, llegué, era, iba, Subí, tenía, era, duró, aterrizó, Bajé, pasé, entré, Hacía, Había, tocaban, cantaban, Busqué, fui, era, nadaban, hablaban, jugaban, se divertían, Pasé

9-18 Era el cinco de julio y hacía muy buen tiempo. Era de noche. Tenía diez y nueve años e iba a una fiesta organizada por mis amigos. Organizaron la fiesta porque iba a hacer un viaje. Cuando llegué a la casa de Alfredo, había gente por todas partes. Escuchaban música, comían y bailaban. Cuando entré, ellos gritaron "¡Buen viaje!" Estaba muy contenta pero estaba un poco triste también porque todos ellos eran mis amigos y los extrañaba cuando no los veía.

9-19 (Answers will vary.)

9-20
1. por
2. para
3. por
4. para
5. por
6. por
7. para / por
8. por / para
9. Para
10. por

9-21
2. por fin / por último
3. por supuesto
4. por poco
5. por eso
6. por cierto
7. por lo visto

9-22 para, por, por, por, para, Por, por, por, por, por, por, Por, para, para, por

9-23 (Answers may vary.)
1. Necesito comprar un boleto de ida y vuelta a París. Quiero un vuelo sin escala.
2. Quiero sentarme en la sección de no fumar cerca del ala y cerca de la ventanilla. También quiero viajar en clase turista.
3. Necesito saber a qué hora llega el vuelo a París y a qué hora sale de aquí.

4. También necesito reservaciones en un hotel por el fin de semana. La excursión debe incluir el vuelo, el hospedaje y una excursión por la ciudad, si es posible.
5. Voy a recoger los boletos en el mostrador de la aerolínea en el aeropuerto. ¿Necesita usted mi pasaporte?

9-24 *(Sample paragraph.)*
El año pasado, fui a la Florida con mis amigos durante las vacaciones de marzo. Fuimos a un pueblo pequeño en el sur de la Florida. Hacía muy buen tiempo toda la semana. El pueblo era precioso. Había mucha gente en la calle que vendía cosas y todo el mundo se asoleaba mucho en las playas. Nos quedamos en un hotel que tenía una piscina grande y una discoteca que servía comida excelente.

Fuimos a unas discotecas, descansamos, nos asoleamos mucho y no estudiamos. Dormía mucho y no estaba cansada nunca. Estaba muy alegre de pasar tiempo en un lugar tan bonito con mis amigos. Nos reímos mucho y nos divertimos por toda la semana.

El sábado, nos preparamos para regresar a la universidad. Estaba triste porque no quería volver todavía. Llegamos al aeropuerto y subimos al avión. El viaje a casa fue largo y aburrido.

9-25 *(Stories will vary.)*

LECCIÓN 10
¡Su salud es lo primero!

10-1
1. Don Remigio está hablando con su esposa de su salud. No se siente bien.
2. Hace tres días que está enfermo.
3. Quiere que vaya al médico ahora mismo.
4. Insiste en que haga una cita con el doctor Estrada.
5. No tiene confianza en los médicos.
6. Le duele mucho la garganta y también le duelen el pecho y el estómago.
7. Tiene un resfriado.
8. Recomienda que se tome pastillas y que vaya la semana próxima para un examen físico.
9. Odia las visitas al médico.

10-2 *(Answers will vary.)*
1. Tómese este antibiótico por diez días.
2. Tómese este jarabe para la tos.
3. Vaya al hospital para una radiografía.
4. Venga al consultorio para una inyección.
5. Tómese dos aspirinas y llámeme por la mañana.
6. Tómese la temperatura. / Guarde cama por dos días. / Haga una cita conmigo la semana que viene si no se siente mejor.
7. Guarde cama por dos días. / Tómese dos aspirinas y llámeme por la mañana.
8. Tómese un anticido.
9. Deje de fumar.
10. Haga una cita con el cirujano. Él se lo va a explicar.

10-3 *(Answers may vary.)*
1. tomarse la temperatura
2. El (la) farmacéutico(a)
3. sacar la lengua
4. receta
5. uno tiene dolor de cabeza / a uno le duele la cabeza (el cuerpo)
6. tenía náuseas
7. se torció el tobillo / se rompió un hueso
8. la boca
9. La sangre
10. pulmones

10-4
1. el pie
2. la pierna
3. la oreja
4. el pecho
5. la frente
6. la cara

7. el cuello
8. el brazo
9. la mano
10. el dedo (de la mano)
11. el corazón
12. el hombro
13. la nariz
14. la rodilla

10-5
1. fume / haga / guarde / saque
2. duermas / hagas / corras / te tuerzas
3. paguemos / hablemos / vengamos / lleguemos
4. venga / me tome / vaya / le dé
5. tengan / se enfermen / se rompan / tosan

10-6
1. duerma, beba, haga, corra, nade, baile
2. escriba, pague, pida, llame
3. nos levantemos, nos acostemos, trabajemos, empecemos, comamos, durmamos

10-7 (Sample answers.)
1. Les recomiendo que hagan una cita con el médico cada año.
2. Quiero que tú fumes menos.
3. Les digo que aprendan a tomarse la temperatura.
4. Le sugiero que tome aspirinas solamente si le duele la cabeza mucho.
5. Mando que tengas ciudado con las medicinas.
6. Deseo que hablen con un médico si tienen preguntas.
7. Te pido que comas muchas legumbres.
8. Te recomiendo que no bebas mucha cerveza.
9. Les pido que empiecen a pensar en su salud.
10. Le sugiero que no duerma más de diez horas cada noche.

10-8 participemos, estemos, nos enfermemos, es, puede, hagamos, empezar, corramos, hagamos, continuar, toquemos, levantemos, bajemos, respirar, veamos, inspirar, sentirnos

10-9 (Responses will vary; subjunctive required in all.)

10-10
1. Es importante vigilar la alimentación para mantener un buen estado de salud.
2. Las enfermedades del corazón causan más muertes que cualquier otra complicación de la diabetes.
3. Cambios en la dieta pueden reducir el riesgo de estas enfermedades.
4. Se debe limitar los alimentos con colesterol o con alto contenido de grasa.
5. Son buenos los alimentos ricos en proteínas, como la avena o los frijoles, y los alimentos ricos en carbohidratos, como panes y cereales.
6. Contribuyen a la buena salud el peso adecuado, el ejercicio, el control de los niveles de glucosa y el evitar del alcohol.

10-11
1. la grasa
2. hacer ejercicios aeróbicos
3. comer muchos carbohidratos
4. colesterol
5. el centro naturalista
6. trotes
7. guardar la línea
8. la gimnasia

10-12 (Sample answers.)
1. hagas ejercicios aeróbicos.
2. te pongas a dieta.
3. te cuides mejor.
4. se ponga en forma.
5. guardes la línea.

10-13 (Sample answers.)
1. Corro y hago ejercicios aeróbicos.
2. Quiero adelgazar.
3. Sí, necesito ponerme en forma.
4. Troto y levanto pesas.
5. Sí, me cuido bien. Siempre como alimentos saludables y hago ejercicio.
6. Normalmente como alimentos saludables.

10-14
1. Me enojo que tú no te cuides mejor.

2. ¿Temes que haya demasiada grasa en el chocolate?
3. Sentimos que tú no puedas levantar pesas esta tarde.
4. ¿Lamentan que el club no esté abierto?
5. Mis amigos esperan que yo haga ejercicios aeróbicos con ellos.
6. Pablo está contento de que nosotros vayamos al club hoy.
7. El atleta se sorprende de que ellos fumen después de correr.
8. Los equipos insisten en que todos nosotros participemos.
9. ¿Se alegra de que me mantenga en forma?
10. Me sorprende que tú estés a dieta.

10-15
1. Sé que vas al centro naturalista. Quiero que vayas al centro naturalista.
2. Espero que adelgaces. Me alegro de que adelgaces. Pienso que adelgazas.
3. No quiero que fumes cigarrillos. Veo que fumas cigarrillos. Es obvio que fumas cigarrillos.

10-16 estudie, ser, estudiar, quiere, sea, tienen, se divierta, trabaje, tienen, quieren, esté, es, vaya, comprendan, respeten

10-17
1. Que me las traiga Alfredo.
2. Que me la prepare Paca.
3. Que se las lleve Susana.
4. Que me las abra Alfredo.
5. Que me las escriban los otros empleados.
6. Que se las lea Susana.
7. Que lo lleve Paca.
8. Que me la dé Alfredo.
9. Que se los haga Susana.
10. Que se lo sugiera Paca.

10-18 (Sample sentences.)
1. Que no comas tanto. Que hagas ejercicio.
2. Que no fumes. Que comas inteligentemente.
3. Que no comas grasa. Que comas frutas y legumbres.
4. Que no trabajes. Que hagas una cita con el médico.
5. Que no camines. Que vayas al hospital.
6. Que no comas chocolate. Que camines al trabajo.
7. Que no vayas a las clases. Que guardes cama.
8. Que no salgas de la casa. Que bebas muchos líquidos.

10-19 (Answers will vary.)

10-20 (Answers will vary.)

10-21 (Answers will vary.)

10-22 (Answers will vary. Use imperfect to tell about youth and present to describe current conditions.)

LECCIÓN 11
Los medios de información y la política

11-1
1. cierto
2. cierto
3. falso
4. falso
5. cierto
6. cierto
7. cierto
8. cierto
9. falso
10. falso
11. cierto
12. cierto

11-2 (Sentences will vary.)
1. e 2. a 3. j 4. b 5. f 6. h 7. g 8. f 9. i 10. d

11-3
1. los avisos clasificados
2. la sección deportiva
3. el consultorio sentimental
4. la cartelera
5. el horóscopo
6. la esquela
7. la crónica social
8. el editorial

11-4
1. radioyente

2. la primera plana
3. estación de radio
4. comentarista
5. emisora
6. informa sobre
7. La cadena
8. patrocinadora
9. un televisor
10. el editorial

11-5
1. No dudo que Enrique se entera de los acontecimientos del día.
2. Pienso que el reportero nos informa claramente.
3. No creo que el horóscopo sea inútil.
4. Estoy segura de que se transmiten los programas en vivo.
5. Niego que el meteorólogo no siempre tenga razón.
6. Creo que la patrocinadora es española.
7. No pienso que los canales ofrezcan muchas opciones.
8. Dudo que las telenovelas exageren la realidad.
9. No hay duda que el locutor sabe bien los detalles.
10. No niego que la prensa controla las noticias.

11-6 (Sentences will vary.)
1. Niego que las mujeres no sean buenas reporteras.
2. No creo que los meterólogos nunca tengan razón.
3. Es cierto que las personas inteligentes no miran la televisión.
4. No pienso que las personas responsables lean el periódico todos los días.
5. Dudo que un comentarista nunca mienta.
6. Creo que los críticos escriben reseñas informativas.
7. No creo que el horóscopo prediga bien el futuro.
8. Estoy seguro(a) de que la emisora necesita censurar los programas.
9. No es cierto que los supermercados no deban vender los periódicos sensacionalistas.
10. No estoy seguro(a) de que a los televidentes les gusten mucho las telenovelas.

11-7 (Answers will vary.)
1. Sí, creo que las telenovelas tienen valor.
2. Sí, dudo que haya personas que miren la televisión más de ocho horas al día.
3. Sí, pienso que los periodistas nos dicen la verdad.
4. Sí, niego que el gobierno de los EE.UU. controle la prensa.
5. No, no es cierto que los periódicos sensacionalistas inventen sus artículos.
6. Sí, creo que muchas personas se ríen de los artículos en estos periódicos.

11-8
1. Sí, enterémonos de los resultados ahora... No, no nos enteremos de los resultados hasta más tarde.
2. Sí, vamos (al partido de béisbol) ahora... No, no vayamos hasta más tarde.
3. Sí, escribámoslo ahora...No, no lo escribamos hasta más tarde.
4. Sí, acordémonos de los nombres de los jugadores ahora...No, no nos acordemos de los nombres hasta más tarde.
5. Sí, comamos (mientras escribimos) (ahora)...No, no coma mos hasta más tarde.
6. Sí, saquemos fotos de la estrella del partido ahora...No, no saquemos las fotos de la estrella hasta más tarde.
7. Sí, hagámosles preguntas ahora... No, no les hagamos preguntas hasta más tarde.
8. Sí, divirtámonos durante el partido también... No, no nos divirtamos durante el partido.

11-9
1. ¿Le damos café a la anfitriona?
Sí, démoselo.
No, no se lo demos.

2. ¿Leemos el noticiero otra vez para eliminar errores?
Sí, leámoslo.
No, no lo leamos.
3. ¿Le organizamos la lista de acontecimientos al locutor?
Sí, organicémosela.
No, no se la organicemos.
4. ¿Le pedimos la información al jefe?
Sí, pidámosela.
No, no se la pidamos.
5. ¿Nos preparamos inmediatamente?
Sí, preparémonos.
No, no nos preparemos.

11-10
1. Amado Bocagrande es candidato a la presidencia de la República de Paloquemado.
2. Es un candidato que verdaderamente representa al pueblo.
3. Afronta problemas serios.
4. Duda que el gobierno de su contrincante pueda resolverlos problemas.
5. Es importante que todos se unan y que todos voten por él.
6. Promete aumentar los programas de ayuda social, eliminar los impuestos, reducir la tasa de desempleo y combatir el crimen.
7. Su lema es: Si quiere un país grande, vote por Boca grande.

11-11 afrontar/combatir, mejorar, combatan/afronten, establezcan, resuelvan, ayudar, prevenir/eliminar, aumenta, apoyo, elimine

11-12
1. el (la) presidente(a)
2. un rey / una reina
3. El (La) alcalde
4. Un(a) juez / leyes
5. discursos / contrincantes
6. dictador(a)
7. la cámara de representantes(diputados)/ el senado
8. campañas
9. El deber
10. el congreso

11-13 (Sentence will vary, but should follow the model.)

11-14 (Answers will vary.)
1. Le recomiendo que ayude más a los pobres.
2. El problema más importante es la economía. Sugiero que el presidente combata el desempleo.
3. Sí, creo que es necesario votar porque vivimos en una democracia.
4. Es necesario que el gobierno aumente el número de programas sociales, especialmente para los niños.
5. Quiero que afronten...

11-15
1. Es extraño que los senadores no controlen los impuestos.
2. Es verdad que la inflación sube.
3. Es cierto que los políticos afrontan los problemas.
4. Es evidente que el alcalde no elimina el crimen.
5. Es necesario que el congreso establezca leyes nuevas.
6. Es probable que el aborto sea parte de las campañas.
7. Es urgente que se mejoren las condiciones del pueblo.
8. No es seguro que el contrincante gane las elecciones.
9. Es seguro que el presidente resuelve los conflictos.
10. Es dudoso que la reina apoye al rey.

11-16
1. haya, afrontemos, podemos, corregir
2. crea, sea, tenga, hablar, afrontar, apoya
3. vote, sepa, continuar, combata, acepten, quiere
4. quiera, cambien, guste, separar, controle, quiere

11-17
1. habla, hable
2. trabaja, pueda
3. sea, son
4. mejoran, quiera
5. aumenta, baje
6. acepta, combata
7. vote, quiera
8. sea, piense

9. prefiere, quieran
10. resuelva, pueda

11-18
1. Se necesita un artista que pueda ilustrar folletos, que cree lemas y que diseñe carteles.
2. Se busca un jefe de personal que sea bilingüe, que tenga contactos en el pueblo y que se lleve bien con otros.
3. Se solicita una secretaria de prensa que hable bien en público, que sea inteligente y que trabaje bien con muchas personas.
4. Se necesitan voluntarios que puedan viajar mucho, que crean en la campaña y que quieran mejorar la sociedad.
5. Se busca una recepcionista que maneje la oficina, que ayude al jefe de personal y que salude a los visitantes.

11-19
1. Ojalá (que) el juez apoye la ley.
2. Tal vez el representante vote por este programa.
3. El senador va a ser bueno, quizás.
4. La nueva reina va a resolver muchos problemas, tal vez.
5. Ojalá (que) el discurso del contrincante sea breve.
6. Quizás el deber del congreso no sea bajar los impuestos.
7. Tal vez la candidata vaya a ganar las elecciones.
8. La defensa es importante, tal vez.
9. Ojalá (que) la corte suprema cambie la ley.
10. Quizás la dictadora mejore la vida de los pobres.

11-20 (Sentences will vary but should follow the model.)

11-21 (Answers will vary.)

11-22 (Answers will vary.)

11-23 (Sentences will vary, but must use subjunctive.)

11-24 (Sample essay.)

Mi candidata ideal es una mujer que sea honesta y muy trabajadora. Es una mujer que realmente quiera mejorar la sociedad. La mujer tiene que ser inteligente, instruída y simpática. Tiene que conocer bien a la gente del pueblo y es necesario que viva en el pueblo con nosotros. Esta mujer debe tener un título de la universidad y conocer los barrios ricos y pobres. Ojalá que apoye el aborto y los programas sociales. También espero que combata el desempleo y la inflación. Es importante que ayude en la protección del medio ambiente y que quiera establecer un pueblo en que no haya crimen. Es indispensable que tenga compasión por los pobres y que mejore el sistema de las escuelas.

LECCIÓN 12
¡Somos turistas!

12-1
1. Peggy y Terry McGuire son dos turistas de Toronto que están en Madrid.
2. Hablan con el conserje porque necesitan saber dónde está el banco.
3. El banco está muy cerca.
4. Es necesario salir por la puerta principal, doblar a la derecha, seguir derecho por esa calle hasta la próxima esquina, doblar a la derecha y el banco está a dos manzanas.
5. Está a 105 pesetas por dólar.
6. Necesita ver su pasaporte.
7. Tiene que endosar sus cheques de viajero y presentar un recibo en la ventanilla de pagos.
8. Peggy necesita sellos. Va al estanco de la esquina.

12-2
1. el destinatario
2. el remitente
3. el franqueo
4. el código postal

5. el sello

12-3
1. Un(a) cajero(a)
2. banco
3. cuenta corriente / cuenta de ahorros
4. cheques de viajero
5. un recibo
6. un presupuesto
7. echar / el buzón
8. endosarlo
9. por correo aéreo
10. un estanco

12-4
1. El banco está a dos manzanas (dos cuadras) del correo.
2. ¿A cómo está el cambio hoy?
3. ¿Cuánto cuestan los sellos en el estanco?
4. Siga derecho hasta la esquina. El correo está a la izquierda.
5. Tiene que cobrar el cheque en la ventanilla de pagos. El cajero va a darle un recibo.

12-5
1. Sí, los he firmado.
2. Sí, (ellos) las han cambiado.
3. Sí, (ella) lo ha cobrado.
4. Sí, la he abierto.
5. Sí, lo hemos planeado.
6. Sí, se lo he enviado.

12-6
1. (Nosotros) le hemos enviado la tarjeta postal a la familia.
2. Fernando ha comprado sellos.
3. (Yo) He escrito la dirección del destinatario.
4. Felipe ha puesto el sello en el sobre.
5. Mis amigos han ido al correo.
6. Yo he visto al cajero en el banco.
7. ¿Has hecho los quehaceres?
8. (Nosotros) hemos vuelto del banco.

12-7
1. Se lo he hecho. Ya está hecho el cambio.
2. Se lo he escrito. Ya está escrito el recibo.
3. Se lo he descubierto a Ud. Ya está descubierto el error.
4. Se lo he endosado. Ya está endosado el cheque.
5. Se lo he cambiado. Ya está cambiado el dinero.

12-8 ido, planeado, cerrada, comprados, hecho, leído, rebajados, preparados, hechas, escrita, decidido

12-9
1. Los cheques de viajero fueron cobrados por la cajera.
2. La ventanilla de pagos fue cerrada por el empleado.
3. La cuenta corriente fue abierta por el cajero.
4. El código postal fue escrito por el empleado.
5. El franqueo y los sellos fueron pagados por Franco.
6. La carta fue echada en el buzón por Isabel.
7. El presupuesto me fue enviado por el agente.
8. Los cheques fueron firmados por la cajera.

12-10
1. Sí, los cheques fueron cobrados por la cajera.
2. Sí, los sellos fueron comprados por Alicia.
3. Sí, el dinero fue cambiado por Andrés.
4. Sí, las cartas fueron echadas por Alicia.
5. Sí, la cuenta fue abierta por Alicia.
6. Sí, los cheques de viajero fueron firmados por Andrés.

12-11
1. Tiene 80 habitaciones con baño privado, aire acondicionado y calefacción.
2. Tiene salones para convenciones, telex nacional e internacional, y teléfonos automáticos con telediscado directo local, nacional e internacional desde todas las habitaciones.
3. Tiene radio, televisores a colores en todas las habitaciones y canchas de *paddle tennis*.
4. Ofrece *snack bar* y *room service* las 24 horas, cajas de seguridad individuales y estacionamiento con acceso directo al hotel.

12-12
1. el aire acondicionado
2. cama / sábanas / almohadas
3. la llave

4. papel higiénico
5. mantas
6. El botones
7. el ascensor
8. disponible
9. rota (descompuesta)

12-13 *(Matches given below; sentences will vary.)*
1. g 2. a 3. c 4. i 5. d 6. e 7. b 8. j 9. h 10. f

12-14
1. sucio
2. doble
3. lleno
4. roto (descompuesto)
5. lujoso
6. disponibles
7. sencilla
8. cómoda
9. limpio
10. rotas (descompuestas)

12-15
1. ¿La suya? No sé.
2. ¿Las mías? No sé.
3. ¿La tuya (suya)? No sé.
4. ¿Los nuestros? No sé.
5. ¿Las mías? No sé.
6. ¿El nuestro (suyo)? No sé.
7. ¿El suyo? No sé.
8. ¿Las suyas? No sé.

12-16
1. No, no es mía; es suya.
2. No, no son tuyos (suyos); son nuestros.
3. No, no son nuestros; son suyos.
4. No, no es tuya (suya); es mía.
5. No, no es suya; es tuya.
6. No, no son nuestros (suyos); son suyos.
7. No, no son tuyos (suyos); son míos.
8. No, no es mío; es suyo.

12-17
1. La nuestra y las suyas están en el buzón.
2. ¿Dónde están los míos y los suyos?
3. Busco la suya y la nuestra.
4. Necesito pagar la mía y la suya.
5. Quiero hablar con el nuestro y el suyo.

12-18
1. Marisol nunca había pasado tiempo en una isla.
2. Nosotros nunca habíamos pedido servicio de restaurante a la habitación.
3. Mis padres nunca se habían quedado en un hotel de lujo.
4. Tara nunca se había quejado de la condición de una habitación.
5. Yo nunca había perdido la llave de una habitación.
6. ¿Nunca habías visto tú un albergue estudiantil tan limpio?
7. Mis amigos nunca se habían hecho la cama antes de quedarse en un hostal.
8. Nosotros nunca habíamos puesto el aire acondicionado en la primavera.

12-19
1. Cuando yo llegué al hotel, mis amigos ya habían salido.
2. Cuando las maletas suyas llegaron, Federico ya había ido a otro hotel.
3. Cuando nos escribieron, sus hijos ya nos habían visitado.
4. Cuando nosotros hicimos estas reservaciones, no nos habíamos quedado nunca en un hotel lujoso.
5. Cuando tú empezaste a buscar la llave, yo ya la había encontrado.
6. Mario fue al banco, pero Carlos ya había cobrado los cheques suyos.
7. Cuando yo supe las noticias, mis amigos ya le habían hablado al presidente del banco.
8. Cuando nosotros volvimos, la camarera ya había limpiado la habitación.

12-20
1. A nosotros se nos cayó la llave en el lago.
   A ti se te cayó la llave en el lago.
   A mí se me cayó la llave en el lago.
2. A Ana se le perdieron los cheques.
   A Anita y a Rodrigo se les perdieron los cheques.
   A nosotros se nos perdieron los cheques.

3. A ti se te olvidó el número de la habitación.
   A mí se me olvidó el número de la habitación.
   Al camarero se le olvidó el número de la habitación.
4. A mí se me rompieron los vasos en la habitación.
   A Susana se le rompieron los vasos en la habitación.
   A nosotros se nos rompieron los vasos en la habitación.
5. A ti se te quedaron las maletas.
   A María se le quedaron las maletas.
   A los Gómez se les quedaron las maletas.

12-21
1. Se me olvidó la fecha.
2. Se le cayeron a Federico.
3. Se me quedaron en Francia.
4. Se nos perdió el mapa.
5. Se le ocurrió dormir la siesta.
6. Se les perdieron en la ciudad.
7. Se me rompieron los otros.
8. Se te quedó en el hostal.

12-22 *(Sample letter.)*

Estimados señores:

El fin de semana pasado (el 18 y el 19 de enero) me quedé en su hotel para celebrar mi cumpleaños con mis amigos. Soy de un pueblo en el sur de Tejas y quería pasar mi cumpleaños en una ciudad mexicana. Estudio español en la universidad y quería ver un poco de su país. El agente de viajes nos recomendó el hotel suyo por su buena reputación y por los servicios que se ofrecen. Desgraciadamente, no pasamos bien el fin de semana.

Nuestra habitación no estaba limpia. No había sábanas ni almohadas en la cama. En el cuarto de baño, no había jabón ni papel higiénico. Hacía tanto calor que tuvimos que poner el aire acondicionado por una hora antes de entrar en la habitación. El televisor no funcionaba y no había agua caliente. Llamamos a la recepcionista para hablarle de los problemas, pero ella nos dijo que no podía hacer nada porque era un día de fiesta y nadie trabajaba.

No estábamos contentos. Pagamos mucho para quedarnos en su hotel y esperamos que Uds. nos devuelvan el dinero. Esperamos volver un día a su ciudad, pero dudo que vayamos a quedarnos en su hotel si Uds. no hacen algo para mejorar las condiciones que encontramos ahí.

Los saludamos atentamente,

Roque Gómez, Sara Morales, Kiki Santiago

12-23 *(Sample paragraph.)*

Vengan Uds. a pasar un fin de semana magnífico en el hotel Excelsior. Hay habitaciones dobles y sencillas y suites de lujo. Todas las habitaciones tienen baño privado con vista al mar. Hay servicio de restaurante a la habitación, servicio de camarera y servicio de lavandería. Todas las habitaciones tienen baño privado con vista al mar. Unas de las muchas actividades de que pueden disfrutar son el tenis, el vólibol y la natación. Dentro del hotel hay dos restaurantes maravillosos y también una cafetería.

Aquí sigue la reacción de uno de nuestros clientes:

"Antes de mi visita al hotel Excelsior, nunca me había quedado en un hotel de lujo. Todo está preparado cuando se llega y se puede descansar y divertirse muchísimo sin preocupación. Lo recomiendo mucho."

LECCIÓN 13
Los empleos

13-1
1. abogada, edificio Girasol, 235, 234-7954
2. ingeniero industrial, Centro Comercial Las Torres, Ecuador
3. psícologa clínica, Hospital del Instituto Nacional de la Salud, Distrito Federal

4. analista de sistemas, Avenida Fernández Juncos, San Juan, Puerto Rico
5. contadora/asesora financiera, Plaza Letamendi 54, 564 España, 892-5612, 892-6709

13-2
1. reparte
2. El (la) peluquero(a)
3. diseñar
4. mecanografiar
5. un(a) electricista
6. El (la) enfermero(a)
7. intérprete
8. entrenamiento
9. a comisión
10. apagan
11. repare
12. meta
13. horario
14. El (la) veterinario(a)
15. carpintero

13-3 (Answers may vary.)
1. los dientes, la pasta dentífrica
2. contar, la cuenta
3. la cocina, cocinar
4. vender, la venta
5. viajar, un cheque de viajero, el viaje

13-4
1. El cartero repartirá el correo.
2. El arquitecto y yo diseñaremos el edificio para la compañía.
3. Yo le diré la verdad al periodista.
4. La coordinadora buscará otro puesto.
5. Los vendedores harán un viaje.
6. Yo iré a la agencia de empleos.
7. El electricista vendrá a mi casa.
8. El plomero y yo volveremos a la casa.
9. Los periodistas escribirán los artículos.
10. Tú saldrás para la oficina temprano.

13-5
1. El coordinador sabrá escribir a máquina.
2. Pondrá los folletos en los buzones de los otros empleados.
3. Llegará a tiempo todos los días.
4. Responderá a las cartas de otras compañías.
5. Tendrá ciudado con la prensa.
6. No le dirá nada a los periodistas.
7. Les explicará el horario de trabajo a los empleados.
8. No saldrá de la oficina hasta las siete.
9. Se reunirá con los empleados dos veces al mes.
10. Ayudará a los otros empleados.

13-6 (Possible answers.)
1. Será una mujer que tiene entrevista en otra ciudad.
2. Irá a Boston, a la universidad de Harvard.
3. Viajará allí porque tiene entrevista con el presidente de la universidad.
4. Leerá información sobre la universidad y sus programas.
5. Será profesora de literatura nortamericana.
6. Hablarán del puesto y de las calificaciones del joven.
7. Buscará el puesto de gerente del restaurante.
8. Sabrá organizar bien, cocinar y llevarse bien con otras personas.
9. Tendrá que planear el horario de trabajo, depositar el dinero en el banco, pedir la comida y emplear a otros.
10. Recibirá cuatrocientos dólares a la semana.

13-7
1. Habré encontrado un buen trabajo.
Habré comprado un coche nuevo.
Habré abierto una cuenta de ahorros.
Habré escrito una novela.
2. Habré vuelto a la universidad para sacar otro título.
Habré sido jefe(a) de una compañía.
Habré ganado mucho dinero.
Habré ido a Europa.
Habré visto muchos países.

3. Habrán hecho un viaje.
   Se habrán quedado en muchos hoteles de lujo.
   Me habrán dado un coche.
   Habrán construido otra casa.
   Habrán podido ahorrar más dinero.

13-8
1. ¿Habrán terminado el trabajo?
2. ¿La habrán encontrado?
3. ¿Lo habrá conseguido?
4. ¿Me habrá dicho la verdad?
5. ¿La habrá recibido?
6. ¿Habrá repartido el cartero el correo?

13-9 pero, sino, pero, sino, pero, pero, sino, sino

13-10
1. Es una chica colombiana que acaba de graduarse de la universidad.
2. Quiere conseguir un puesto como analista programadora.
3. Tiene especialización en informática y contabilidad. Tiene tres años de experiencia práctica y es bilingüe.
4. Se considera una persona entusiasta, responsable y trabajadora.
5. Incluye su curriculum vitae.
6. El Sr. Posada es el gerente de la compañía.
7. Le han dicho que es una gran empresa y que la compañía realmente se interesa por el bienestar de sus empleados.
8. Pregunta sobre el sueldo.
9. Sí, lo consiguió porque era buena candidata para el puesto y tenía buenas recomendaciones y experiencia.

13-11 Estimada, el puesto, experiencia práctica, calificaciones, curriculum vitae, recomendación, la solicitud de empleo, referencia, capaz, honrada, la saluda atentamente

13-12 (Answers will vary.)
1. Me interesan un plan de retiro, el seguro médico y el seguro de vida.
2. Soy una persona trabajadora y muy capaz.
3. No, nunca he sido despedido de ningún puesto.
4. Busco otras oportunidades y un sueldo mejor.
5. Soy amable, simpatíco, muy trabajador y responsable y me llevo bien con otras personas.

13-13 (Answers will vary.)
1. Me vestiría bien y llegaría a la entrevista temprano.
2. Hablaría con mi supervisor.
3. Trataría de convencer a mi jefe que merezco un ascenso.
4. Le diría "Enhorabuena."
5. La pondría en el banco.
6. Buscaría otro puesto.
7. Hablaría con el presidente de la compañía.
8. Les diría la verdad a mis padres.

13-14
1. Pablo dijo que la compañía lo contrataría pronto.
2. Los empleados dijeron que las secretarias escribirían a máquina el curriculum vitae.
3. Ana dijo que buscaría otro puesto este verano.
4. Felipe dijo que el arquitecto diseñaría el edificio para ellos.
5. Nosotros dijimos que haríamos las cartas para mañana.
6. Enrique dijo que saldría de la oficina temprano los viernes.
7. Lucía dijo que habría muchos aspirantes para el puesto.
8. Pablo y Paula dijeron que dejarían este puesto terrible tan pronto como puedan.

13-15
1. No sabría la hora.
2. Tendría problemas con su coche.
3. Iría a la otra oficina.
4. Perdería la dirección de la nueva oficina.
5. Entendería mal a mi secretaria.
6. Estaría enferma.

13-16
1. Mi esposa y yo habríamos hecho más viajes.
2. Yo no habría cambiado nada.

3. Habría dejado mi primer puesto más temprano.
4. Me habría divertido más.
5. Habríamos vuelto a España.
6. Le habría dicho a mi jefe que era dictador.
7. Mis empleados habrían recibido más aumentos por su trabajo.
8. Habría abierto otra tienda.
9. Mi familia me habría visto más.
10. Yo habría estudiado para ser abogada.

(The next five will be original sentences.)

13-17
1. La Sra. Gómez habría contratado a otra secretaria para nosotros.
2. La Sra. Gómez habría ascendido a Mario.
3. La Sra. Gómez nos habría dado más beneficios.
4. La Sra. Gómez no habría eliminado los otros dos puestos.
5. La Sra. Gómez habría reparado las máquinas.
6. La Sra. Gómez no nos habría bajado el sueldo.
7. La Sra. Gómez no nos habría escrito malas evaluaciones.
8. La Sra. Gómez no habría vendido la compañía dentro de poco.

13-18 (Answers will vary.)

13-19 (Answers will vary.)

13-20 (Questions and answers will vary; here are some sample questions.)

1. ¿Cuánta experiencia práctica tiene Ud.?
2. ¿Por qué le gustaría trabajar para esta empresa?
3. ¿Cuáles son sus calificaciones?
4. ¿Qué estudió en la universidad.
5. ¿Se quedará Ud. en este puesto por cinco años?
6. ¿Cuáles son los beneficios que espera recibir?
7. ¿Cuándo podría Ud. empezar?
8. ¿Qué salario espera Ud. ganar?
9. ¿Qué le ofrecerá Ud. a la compañía?
10. ¿Cómo supo Ud. de este puesto?

13-21 (Paragraphs will vary based on answers to questions in 13-20.)

LECCIÓN 14
La tecnología y el medio ambiente

14-1
1. Las computadoras, los aparatos electrónicos, los nuevos medios de comunicación son parte de nuestra vida diaria.
2. Ha tenido un gran impacto.
3. Es estudiante de ingeniería.
4. En la universidad hacen todos los diseños en computadoras.
5. Tiene una microcomputadora para sus trabajos y asuntos personales. También tiene una impresora para escribir sus cartas y sus tareas universitarias.
6. Es abogada.
7. Todas las cartas se escribían antes a máquina con papel carbón, pero hoy usan un procesador de textos y sacan fotocopias en la fotocopiadora.
8. Usaban el telex y ahora usan el fax.
9. Es agricultor. Trabaja en una finca.
10. La usa para hacer análisis del clima y de los suelos y también para determinar el mejor momento para cosechar.
11. Sabe cuándo es el mejor momento para sembrar y cosechar y cuáles son los mejores cultivos.
12. Las cosas que hacían antes a mano, hoy las hacen con máquinas modernas.

14-2
borrar, apagar
cosechar, programar
diseñar, calcular
encender, fotocopiar
grabar, transmitir

14-3
1. el cajero automático
2. contestador automático, grabar
3. un teléfono inalámbrico

36 ¡Arriba! Workbook

4. los juegos electrónicos
5. la fotocopiadora
6. una calculadora
7. videograbadora
8. la finca, hacer a mano, maquinaria agrícola
9. un cómpact disc
10. archivar

14-4
1. la impresora
2. la microcomputadora
3. el teclado
4. la pantalla
5. el disquette
6. una hoja electrónica
(Sentences will vary.)

14-5
1. No estoy seguro de que lo haya hecho ya.
2. No es cierto que la haya apagado.
3. Niego que el jefe haya sido el responsable.
4. No es verdad que la haya arreglado.
5. Dudo que hayan aprendido a usarlo.
6. Es dudoso que Marcos la haya escrito.
7. No creo que lo hayan enviado por fax.
8. No es cierto que Sandra la haya grabado.

14-6
1. El jefe se alegra de que nosotros hayamos comprado otras computadoras.
2. Nosotros no creemos que el técnico haya instalado el programa nuevo.
3. Marta duda que tú hayas aprendido a usar la máquina.
4. Yo espero que el fax haya transmitido nuestro mensaje correctamente.
5. Ellos no piensan que la fotocopiadora haya sido arreglada todavía.
6. ¿Tú crees que el empleado haya manejado bien las cuentas?
7. Yo espero que tú hayas puesto la información en el disquette.
8. Enrique espera que el gerente haya descubierto el mensaje en el contestador automático.

14-7
1. han sido
2. haya ayudado
3. hayan cambiado
4. han aprendido
5. hayan hecho
6. haya dejado
7. hayas expresado
8. ha mejorado
9. ha resuelto
10. han instalado
11. ha reproducido
12. hayan enseñado
13. hayan funcionado
14. hayan robado
15. han vuelto

14-8
1. Hoy va a usar el cajero automático tan pronto como llegue al banco.
2. Normalmente entra en el banco cuando recibe su cheque los jueves.
3. Busca su tarjeta en la billetera antes de entrar.
4. Saca una calculadora para saber exactamente cunáto dinero tiene en su cuenta.
5. El cajero automático hace ruidos raros en cuanto pone su tarjeta en la máquina.
6. Necesita entrar en el banco para que el cajero sepa que no funciona el cajero automático.
7. Ella no quiere salir sin que alguien le devuelva su tarjeta.
8. Tiene que esperar un rato hasta que el técnico repare la máquina.
9. Otro empleado le dice que no es necesario esperar a menos que ella desee llevarse la tarjeta ahora.
10. Decide salir con tal de que el banco le envíe muy pronto la tarjeta.

14-9
1. Yo transmitiré la información mientras ella calcule el precio.
2. Manejaremos el dinero hasta que el jefe nuevo llegue.

3. Ana fotocopiará la información cuando tenga tiempo.
4. Imprimirán el folleto aunque ella lo diseñe.
5. Encenderá la computadora luego que entre.
6. El técnico instalará la fotocopiadora tan pronto como reciba el dinero.

14-10
1. consiga
2. calcular
3. sepa
4. estés
5. comprar
6. dé
7. encendió
8. encontraste
9. reciba
10. llegue
11. encender
12. expliques
13. cueste
14. instale
15. salió

14-11
1. falso
2. falso
3. cierto
4. falso
5. cierto
6. falso
7. cierto
8. falso
9. cierto
10. cierto
11. cierto
12. falso
13. cierto
14. falso

14-12
1. la naturaleza
2. mandatorio
3. la finca
4. el petróleo
5. la multa

14-13
1. reciclaje
2. una multa
3. la naturaleza
4. una escasez
5. consumir, conservar
6. repoblación forestal
7. el humo
8. emprender
9. la radioactividad
10. Una medida

14-14 (Sample answers.)
1. La contaminación del aire es el problema más serio.
2. Hay que controlar la contaminación que se escapa de los coches y de las fábricas.
3. Hay que ponerles multas enormes a las compañías responsables de la despoblación forestal.
4. Prefiero desarrollar el poder solar porque no es tan peligroso como el poder nuclear.
5. Se debe ponerle una multa a las industrias cuando no obedecen las leyes.

14-15
1. conserváramos, arrojáramos, consumiéramos, protegiéramos
2. tuviera, multara, le explicara, contribuyera
3. aprendieran, asistieran, estuvieran, les escribieran
4. pudiéramos, quisiéramos, les habláramos, siguiéramos

14-16
1. Era importante que los gobiernos supieran primero que había un problema.
2. El líder del grupo quería que les escribiéramos a nuestros senadores.
3. También esperaba que todos aprendieran algo de los resultados de la contaminación.
4. Dudaba que se pudiera resolver la situación inmediatamente.
5. Temía que no hubiera muchas soluciones disponibles.
6. Nos dijo que emprendiéramos un programa de reciclaje en el barrio.
7. Recomendó que empezáramos con un grupo pequeño.
8. Insistió en que yo fuera el líder del grupo.
9. Nos pidió que le dijéramos los resultados.
10. Sugirió que todos participaran para que tuviéramos éxito.

14-17
1. conservemos
2. vieras
3. participaran
4. hicieran
5. haya
6. reconociera
7. emprendan
8. escribiera
9. protejamos
10. contamine
11. multen
12. se produjera
13. pusiera
14. traiga
15. se dieran

14-18
1. Fue malo que la niña se hubiera emfermado de la contaminación.
2. Tenía miedo de que el gobierno no hubiera multado a la fábrica.
3. El gobierno prefería que las fábricas hubieran obedecido las leyes.
4. Esperaba que hubiéramos protegido la naturaleza.
5. Los médicos no creían que la contaminación hubiera causado la enfermedad.
6. Sentimos que todos los países hubier an arrojado tantos deshechos en el lago.
7. Dudaba que el reportero hubiera escrito el artículo.
8. Los científicos no pensaban que la fábrica hubiera contribuido a la despoblación forestal.

14-19 escuchas, quieres, hubiéramos protegido, hubiéramos desarrollado, vale, empezamos, hubieran pensado, podemos

14-20
1. Si supiera que una compañía contaminaba un lago, llamaría a la policía.
2. No nadarías más en el lago si te sintieras mal.
3. Se conservaría el medio ambiente si no se la contaminara.
4. Si pudiera ir a la conferencia, vendría a tu casa a las seis.
5. Si quisiera asistir al programa, tendría que examinarlo primero.
6. Las plantas nucleares serían más seguras si no produjeran tanta radioactividad.

14-21 *(Sentences will vary; verb forms should not.)*
1. Si tuviera más tiempo, trabajaría para proteger la naturaleza.
2. Yo les escribiría a mis senadores si pensara que ellos resolverían el problema.
3. Si una fábrica contaminara el medio ambiente en mi pueblo, yo llamaría a la policía.
4. Yo trataré de consumir menos si me ayudas.
5. Si yo hubiera llegado más temprano, le habría dado toda la información al reportero.
6. Si puedo ayudar a conservar el planeta, lo haré.
7. Yo no arrojaría basura en la calle si hubiera recipientes.
8. Yo consumiré menos electricidad en casa si puedo.
9. Si yo hubiera sabido de la contaminación antes, habría hecho algo para combatirla.
10. Yo usaría menos petróleo si no tuviera coche.

14-22 *(Answers will vary.)*

14-23 *(Answers will vary.)*

14-24 *(Essays will vary.)*

14-25 *(Paragraphs will vary.)*